Kofeld
32
Bodnegg
31
28
29
Friedrichshafen
30
27
Langenargen
Kressbronn
Lindau
55
54
52
Bregenz
16
Rorschach
22
13
1
23
53
5
19
ÖSTERREICH
W0212577

Walter Fink

Auf an den Bodensee

Redaktion und Lektorat: vielseitig, Sonja Franzke

Grafisches Konzept: METAPHOR.ME – Michael Jung
Satz & Layout: METAPHOR.ME
Karte: Cartomedia
Fotos: Walter Fink, Foto Seite 144: Ursula Fink
Gesetzt mit Catalog Pro / Gotham
Printed in Austria

ISBN 978-3-85256-584-2

www.folioverlag.com

55 REISE VERFÜHRUNGEN

Walter Fink

AUF AN DEN BODENSEE

Verborgenes
Skurriles
Kulinarisches

Rezepte unter Mitwirkung
von Ursula Fink

FOLIO VERLAG
WIEN | BOZEN

Inhalt

Vorbemerkung

Wollte man den Bodensee in Zahlen erfassen, man könnte ihm nicht gerecht werden. Man würde das aber auch dann nicht, wenn man die Summe seiner großartigen Kulturstätten nähme, ebenso nicht, wollte man den Wein, das Obst oder die Städte und Inseln als Maß nehmen. Natürlich kann jedes Detail ein Grund sein, an den Bodensee zu kommen. Die Freude aber, die der See bereitet, ergibt sich nicht aus Zahlen, nicht aus Kunst, nicht aus Eindrücken allein. Der Bodensee ist vor allem eine emotionale Erfahrung aus Licht, Geruch, Wind und Farbe. Martin Walser hat das in seinem Buch „Heimatlob“ wunderbar beschrieben: „Wenn Junitage durch die Blätterkrone brausen und die Wasseroberfläche in Gefunkel zerspringt, tut der See mittelmeerisch. Von Spätherbst bis Vorfrühling führen ihn Stürme weißgrün vor, da spielt er Fjord.“ Man spürt es aus diesen Worten: Der Bodensee ist immer einen langen Blick wert, im Sommer wie im Winter. Dieses Gefühl, dass einem der Bodensee nahe ist, sein Wasser ebenso wie seine Ufer, seine Landschaft ebenso wie seine Menschen, das möchte dieses Buch vermitteln. Wenn es dazu noch etwas Liebe weitergeben kann zu einer der schönsten Landschaften am westlichsten Ende Österreichs, am südlichsten Deutschlands und am nordöstlichsten der Schweiz, dann wäre der Verfasser glücklich.

Walter Fink — Bregenz, im Frühjahr 2012

Konstanzer Münster

Ein See, drei Staaten, sechs Länder – und keine Grenze

Mitten auf dem See wird das Motorschiff (MS) „Vorarlberg“ langsamer. Kapitän Hans Wüstner von den Vorarlberg Lines der Bodenseeschifffahrt, dem österreichischen Teil der „Weißen Flotte“, zieht den Gashebel zurück, der auf dem Schiff ganz offiziell Marinetriebwerkbedienanlage heißt – auch wenn das niemand so sagt. Bald steht das Schiff, er dreht sich zu mir und sagt: „Jetzt sind wir dort, wo du hin wolltest. Über dem tiefsten Punkt des Bodensees.“ Dieser Punkt aber, so weiß ich, ist kein Punkt, sondern eine relativ große Fläche am Grund des Sees, genau 254 Meter unter uns. Das Schiff liegt zwischen Friedrichshafen und Romanshorn, das sind die zwei größeren Städte am jeweils gegenüberliegenden Ufer, zwischen denen auch Fährschiffe verkehren, die demnach immer über die tiefste Stelle des Sees fahren. Will man dies aber genau definieren, dann liegt sie zwischen den kleinen Orten Fischbach in Deutschland und Uttwil in der Schweiz. Tiefer Schweb heißt sie im Fachjargon. Für jene, die es ganz genau wissen wollen, bestimmen folgende Koordinaten die Stelle: Östlicher Längengrad 9.4249056, Nördlicher Breitengrad 47.5937103. Das liegt ziemlich exakt in der Mitte des Bodensees. Genauer: In der Mitte des Obersees, das ist der größte Teil des Sees. Der andere, zweite, kleinere Teil des Sees ist der Untersee, der See zwischen Konstanz, Radolfzell und Stein am Rhein. Zum Größenvergleich: Die Oberfläche des Obersees beträgt 473 km², die des Untersees 63 km², gesamt hat der Bodensee also 536 km², er ist damit nach dem Plattensee und dem Genfersee der drittgrößte Binnensee Mitteleuropas.

Kapitän Hans Wüstner fährt seit vielen Jahren jeden Tag über den Obersee und er bewegt sich damit immer zwischen drei Staaten: Deutschland, Schweiz und Österreich. Länder sind es am Bodensee noch mehr: In Deutschland die Bundesländer Bayern und Baden-Württemberg, in der Schweiz die Kantone St. Gallen, Thurgau und Schaffhausen, in Österreich das Bundesland Vorarlberg. „Wann aber“, so frage ich den Kapitän, „quert das Schiff nationale Grenzen?“ „So einfach“, meint er, „kann man das nicht sagen. Es gibt keine genauen Grenzen im See.“ Das kann, so denke ich mir, nicht sein, und besuche in Bregenz Dr. Günther Eberle, den Landesamtsdirektor von Vorarlberg, das ist der höchste Beamte des Landes und auch so etwas wie der Hüter der Gesetze. Er bestätigt die Aussage Kapitän Wüstners, dass es keine klaren Grenzen am See gebe. Das könne nicht angehen, meine ich, denn zwischen Staaten müsse immer Klarheit über den Grenzverlauf herrschen, auch in Seen. Das sei am Genfersee so zwischen der Schweiz und Frankreich, am Lago Maggiore zwischen der Schweiz und Italien, am Neusiedlersee zwischen Österreich und Ungarn, das sei überall so. Überall gebe es klare Verhältnisse, klare Linien für die Grenzen. Also müsse es auch hier so sein. So sei das am Bodensee aber nicht, meint der hohe Beamte und lächelt verschmitzt: „Und es unternimmt auch kein Staat Anstrengungen, um das zu ändern. Eher im Gegenteil!"

Bei einem Gespräch mit Dr. Herbert Löffler vom Institut für Seenforschung in Langenargen bekomme ich diese Aussage bestätigt. Löffler sitzt an seinem Schreibtisch, hinter ihm hunderte Masten der Segelschiffe im Jachthafen, dem größten seiner Art am Bodensee. „Wir leben alle gut ohne genaue Grenzen", meint der Wissenschaftler. Was das in der Praxis heißt, will ich von ihm wissen. „Dass wir auf verschiedensten Ebenen und in verschiedensten Institutionen zwischen den Staaten und Ländern bestens zusammenarbeiten. Wir brauchen keine zusätzlichen Regeln. Auch wenn das sonst überall anders ist und Staatsgrenzen bis auf Zentimeter vermessen sind."

Für eine mögliche Grenzziehung orientieren sich die drei Staaten an unterschiedlichen Theorien. Die Schweiz würde die sogenannte Realteilung bevorzugen. Darunter versteht man eine gedachte Linie zwischen der Mündung des Alten Rheins und der Leiblach, dem Grenzfluss zwischen Österreich und Deutschland, von der Mitte dieser Linie würde eine weitere quer durch den See bis Konstanz führen – eine „Grenze", die man manchmal (fälschlicherweise) noch heute auf Landkarten findet.

Die beiden anderen Staaten, Deutschland und Österreich, haben eine andere Vorstellung, sie bevorzugen für den Obersee, an den alle drei Staaten grenzen, die sogenannte Kondominiumstheorie (der Begriff leitet sich aus dem Lateinischen ab und bedeutet so viel wie gemeinsames Eigentum). Danach gelten die staatlichen Hoheitsrechte nur für die flachen Uferzonen bis 25 Meter Wassertiefe. Alles andere ist internationales Gewässer. Fast wie am Meer also. Diese ungeklärte Situation führte vor längerer

Zeit, lange bevor es die EU gab, als die Grenzen noch kontrolliert wurden und der Warenhandel zwischen Deutschland und Österreich noch beschränkt war, auch zu einem Kuriosum. Im Jahre 1974 wurde das MS „Vorarlberg“ als „Butterschiff“ (zollfreier Verkauf von Alkohol, Tabak, Käse und Butter) genutzt. Das „Butterschiff“ sorgte europaweit für Schlagzeilen und bereitete den Juristen Kopfzerbrechen. Da deklarierte nämlich ein cleverer schwedischer Geschäftsmann, Björn Sunne, mit seinem gecharterten Schiff, auf dem er die Waren verkaufte, den Hohen See als Zollfreigebiet. Es dauerte lange, bis die Behörden die Gesetze entsprechend interpretiert hatten, dann einschritten und das lukrative Geschäft unterbanden.

Das MS „Vorarlberg“ hat auch in anderem, politischem Zusammenhang für Schlagzeilen gesorgt. Als es nämlich im Jahre 1964 zur Taufe des neuen Schiffes kommen sollte, entstand ein heftiger Streit zwischen dem Bund, der über die Österreichischen Bundesbahnen Eigner des Schiffes war, und dem Land Vorarlberg. Die „roten Zentralisten in Wien“ (so schrieben damals die an dem Konflikt wesentlich beteiligten „Vorarlberger Nachrichten“) wollten das Schiff auf den Namen „Karl Renner“ (1870–1950, Sozialdemokrat, erster österreichischer Bundespräsident nach dem Zweiten Weltkrieg) taufen, die (schwarzen) Vorarlberger aber wollten ihr Land verewigt und deshalb „Vorarlberg“ am Bug des Schiffes sehen. Nirgends am See, so argumentierte man im Land, trage ein Schiff den Namen eines Politikers, alle hätten Namen von Ländern oder Städten. Der Streit eskalierte, der sozialdemokratische Minister, der zur Taufe angereist war, wurde bedroht und „flüchtete“ wieder Richtung Wien, 35.000 begeisterte Vorarlberger gaben dem neuen Schiff in einer Nottaufe den Namen „Vorarlberg“. Und dabei blieb es. Die

Schiffstaufe von Fußach, wo die Werft stand, führte zu einem politischen Erdbeben und letztlich bei der österreichischen Nationalratswahl 1966 auch zum Gewinn der absoluten Mehrheit durch die konservative Volkspartei.

Hier noch einige interessante Zahlen zum Bodensee: Der Bodensee liegt 395 Meter über dem Meeresspiegel. Er hat einen Rauminhalt von 48,5 Kubikkilometern, das sind – zur Veranschaulichung in Zahlen – 48,500.000,000.000 Liter. Das Unglaubliche: Diese gigantische Menge an Wasser hat, wie der Leiter der Abteilung für Wasserwirtschaft von Vorarlberg, DI Thomas Blank, erklärt, Trinkwasserqualität. Das vor allem gelte es zu erhalten. Die gesamte Uferlänge beträgt 273 Kilometer, davon entfallen auf Deutschland 173 Kilometer, auf die Schweiz 72 und auf Österreich 28 Kilometer. Die größte Länge erreicht er zwischen Bregenz (am Obersee) und Ludwigshafen (am Ende des Überlingersees) mit 63 Kilometern, von Konstanz nach Bregenz sind es 46 Kilometer und die größte Breite hat der See zwischen Friedrichshafen und Arbon mit 14 Kilometern. Ein beliebtes Fragespiel an Stammtischen kann man an dieser Stelle auch gleich klären. Es gibt nämlich so manche Konstanzer oder Bregenzer, die behaupten, dass sie bei guter Sicht vom See aus die jeweils andere Stadt über den See gesehen hätten. Doch das ist wegen der Erdkrümmung auf diese Distanz schlicht unmöglich, denn bei 46 Kilometer Luftlinie beträgt die Wölbung 41,47 Meter. Allerdings: Vom bevorzugten Wohngebiet der Bregenzer, dem Pfänderhang, oder gar vom Hausberg der Natur 1 Bregenzer, dem 1.064 Meter hohen **Pfänder**, kann man bei guter Sicht, am besten bei Föhn, das Konstanzer Münster mit freiem Auge erkennen.

Ein weiterer Begriff, der immer wieder auftaucht, ist

der Pegel. An drei Orten werden Pegelstände ermittelt: in Konstanz, Romanshorn und Bregenz. Aber auch hier ist man sich – wie bei den Grenzen – nicht ganz einig. Denn in Konstanz bezieht man sich auf die Nordsee-Null, in Romanshorn auf die Marseille-Null und in Bregenz auf die Adria-Null. Die Pegel in Konstanz und Bregenz zeigen bei Mittelwasserstand jeweils 3,56 m, der Romanshorner Pegel zeigt – weil er die geodätische Höhe des Wasserstandes wiedergibt – 395,77 m an.

An den Pegeln in Konstanz und Bregenz wurden am 13. Juni 2011 (Pfingstmontag) nur 3,26 Meter gemessen, das war der niedrigste Wasserstand für diese Jahreszeit seit mehr als 160 Jahren. Das letzte „Jahrhunderthochwasser" wurde am Pegel Konstanz mit 5,65 Metern am 24. Mai 1999 gemessen.

Nach so vielen Zahlen könnte man glauben, dass diese abstrakte Form die beste Art ist, sich dem Bodensee anzunähern. Das ist natürlich Unsinn. Der Bodensee ist vor allem ein emotionales Ereignis. Er ist für viele der Inbegriff des Schönen, was auch in einer Legende zum Ausdruck kommt. Als der liebe Gott die Welt schon fast fertig erschaffen hatte, da war er gerade am Bodensee. Er stand am Ende des Untersees, betrachtete sein Werk, schaute über den Untersee und den Gnadensee hinein in den strahlenden Obersee bis hinunter in die Bregenzer Bucht. Er sah nicht nur – wie es in der Schöpfungsgeschichte der Bibel immer heißt – dass es gut war, er sah, dass es wunderbar war. Überwältigt von dieser Schönheit setzte er sich auf den niederen Bergrücken, den Schienerberg, und sagte: „So, jetzt hör i." Und seit damals heißt die Halbinsel zwischen Zeller See und Untersee Höri.

Es ist tatsächlich möglich, von der Schönheit dieses Sees überwältigt zu werden. Noch nie war ich am Bodensee, ohne seine Lieblichkeit oder auch seine raue Seite zu bewundern. Er ist vielseitig, schroff und anschmiegsam, wild und sanft, der See stimmt immer. Der große, in Nußdorf bei Überlingen wohnende deutsche Dichter Martin Walser hat das so ausgedrückt: „Übereinstimmung müßte etwas Schönes sein. Der Himmel über dem See zum Beispiel stimmt immer mit dem See überein. Man kann nicht sagen, der Himmel richte sich nach dem See oder der See richte sich nach dem Himmel. Auch konzentriert sich der Himmel nicht auf sich; der See tut das auch nicht. Beide haben alles von einander. Farben, Grenzen, überhaupt Stimmung." Walser ist einer der wichtigen, aber natürlich nicht der erste Dichter, in dessen Werk der Bodensee eine bedeutende Rolle spielt. Aber vielleicht passt zur Einstimmung eines der schönsten Gedichte von Rainer Maria Rilke (1875–1926; im Jahre 1897 war Rilke am Bodensee), ganz sicher das schönste Bodenseegedicht:

Die Dörfer sind wie ein Garten.
In Türmen von seltsamen Arten
Klingen die Glocken wie weh.
Uferschlösser warten
Und schauen durch schwarze Scharten
Müd auf den Mittagsee.

Und schwellende Wellchen spielen,
und goldene Dampfer kielen
leise den lichten Lauf;
und hinter den Uferzielen
tauchen die vielen, vielen
Silberberge auf.

Falscher Hase (Hackbraten)

Man kennt dieses Rezept nicht nur in Deutschland, der Hackbraten gehört vor allem auch in Österreich zu den gängigen Gerichten. Mit den eingedrückten hart gekochten Eiern, die ihn zum „Falschen Hasen" (in Österreich zum „Stefaniebraten") machen, ist er aber doch eine Besonderheit im süddeutschen Raum.

* 500 g Hackfleisch (Rind und Schwein gemischt)
* 250 g Kalbsbrät
* 1 altbackener weißer Wecken (= Weißbrot)
* 2 Eier
* 1 EL Butter
* 2 EL Zwiebelwürfel
* 1 EL Petersilie, fein gehackt
* Salz, Pfeffer, Muskat, Senf
* 3 hart gekochte Eier
* 30 g zerlassene Butter oder Öl

***

Das Weißbrot in lauwarmem Wasser (ev. mit Milch mischen) einweichen, gut ausdrücken und mit Hackfleisch, Brät und Eiern vermengen. Butter in einer Pfanne erhitzen, Zwiebelwürfel hell anrösten und später Petersilie kurz mitdämpfen. Diese Masse unter den Fleischteig rühren und mit Salz, Pfeffer, Muskat und Senf würzen. Daraus einen länglichen Braten formen, in den die geschälten, hart gekochten Eier gedrückt werden. Den „Falschen Hasen" mit zerlassener Butter oder Öl bestreichen und in einer gefetteten Form bei 200 Grad mindestens 45 Minuten braten.
Ideale Beilagen: Kartoffelpüree und Karottengemüse.

Funkaküachle (Polsterzipfel)

Der erste Sonntag in der Fastenzeit heißt in Vorarlberg Funkensonntag. Nach altem Brauch werden im ganzen Land Holzstapel oder Strohhaufen angezündet, um damit den Winter auszutreiben. Die traditionelle Speise dazu sind die Funkaküachle, die man andernorts auch als Polsterzipfel kennt. In manchen Teilen des Landes werden zum Funkensonntag auch Hefeküchle als Funkaküachle gemacht.

* 250 g Mehl
* 30 g zerlassene Butter
* 1 Ei
* ca. 6 EL Obers (= Sahne, wahlweise auch Milch)
* 2 EL Zucker
* 1 Prise Salz
* reichlich Öl zum Backen
* Zucker, Zimt, Staubzucker (= Puderzucker) zum Bestreuen

***

Aus allen Zutaten einen weichen, geschmeidigen Teig kneten, zugedeckt eine halbe Stunde rasten lassen. Dann den Teig etwa drei bis vier Millimeter dick ausrollen und in Vier- oder Dreiecke radeln. Diese in Öl schwimmend goldgelb backen. Dabei sollten die Küchle wie kleine Polster (daher auch der Name) aufgehen. Während des Backens immer wieder mit heißem Öl übergießen, damit sie besser aufgehen. Die Funkaküachle aus dem Fett nehmen, auf Küchenkrepp abtropfen lassen und in der Zucker-Zimt-Mischung wenden.

Serviert man die Küchle als Speise und nicht als Backwerk, dann am besten mit Apfelmus servieren.

Felchen, Obst und Höribülle

Es ist kurz nach vier Uhr früh, ich bin auf dem Weg ans deutsche Bodenseeufer zu Martin Boesenecker, Berufsfischer in Kressbronn. Um fünf, hat er mir gesagt, will er mit seinem Boot hinausfahren. Wenn ich da sei, könne ich mit, hat er versprochen, also will ich pünktlich sein. Das Fischerhaus ist dunkel, als ich ankomme. Boesenecker ist schon um zwei Uhr aufgestanden und mit seinem mobilen Verkaufsstand zum Wochenmarkt in Bregenz gefahren. Dort stellt er den Stand hin, und Verkäuferinnen bieten dann am Dienstag und Freitag die in Vorarlbergs Landeshauptstadt inzwischen berühmten Fischsemmeln, aber natürlich auch den frischen Fang aus dem See an. Kurz vor fünf ist Boesenecker zurück und bereitet die Ausfahrt vor. Er verrät mir, dass er am Morgen nicht eben gesprächig sei, ich möge mich mit meinen Fragen an seinen Gehilfen Andreas Speth wenden, der gerade kommt. Dann geht es mit dem Boot hinaus über den stockdunklen Bodensee. Keine Geräusche, nur das Schnattern des Motors und das Wasser am Bug. Über uns ein wolkenbehangener Himmel, dramatisch, aber nicht bedrohlich. Von

Kressbronn fahren wir ans gegenüberliegende schweizerische Ufer bis vor Romanshorn. Dort haben sie gestern die Netze ausgelegt. Das darf der Fischer aus Deutschland, denn für den „Hohen See" gilt die Kondominiumstheorie, da gehört der See allen drei Anrainerstaaten. (Siehe auch Seite 10.)

Während der Fahrt erzählt Andreas über ihre Arbeit. „Es ist zwar manchmal nicht so angenehm, im Winter, wenn es kalt ist, wenn das Wasser gefriert. Aber schön ist es immer. Ich möchte nie etwas anderes tun." Andreas stammt aus einer alten Fischerfamilie am Bodensee, er ist hier, um zu lernen, denn: „In drei Jahren möchte ich Meister, dann selbstständiger Fischer sein. Das wäre mein Traum." Wir sind am Ziel, Bojen kennzeichnen die etwa sieben Meter tief hängenden Netze. Martin Boesenecker steht am Heck des Bootes und holt die Netze ein, erst mit nur ganz wenigen Fischen, dann wird es immer besser. Martin zieht heraus, Andreas holt die Fische aus dem Netz, verteilt sie in die bereitgestellten Körbe. Manchmal, wenn es dicht wird, tun das auch beide. Eine ruhige, eine archaische, fast schon biblische Arbeit. Zwei, drei Stunden arbeiten die beiden, der Himmel beginnt sich langsam rot zu färben, die Sonne kommt manchmal schwach hinter den Wolken hervor, kaum ein Wort fällt, ein Netz nach dem anderen wird herausgeholt. Der Fang scheint gut, verglichen mit anderen Tagen sogar sehr gut. Dann schaltet Martin Boesenecker den Motor an, beide stecken sich eine Zigarette zwischen die Lippen und zurück geht es ans andere Ufer. Andreas ist wieder gesprächig, er erzählt mir von Fischen und vom Fischen, von den Nächten am See unter sternenklarem Himmel und von meterhohen Wellen, von der Ruhe, die Zeit gibt zum Nachsinnen. Er ist ein sympathischer, tiefer Denker, der hier an den Ufern des Bodensees in seinen Beruf hineinwächst. Dann geht's ins Fischerhaus, jetzt wird gewogen. 150 Kilo, ein außerordentlicher Fang, vor allem Felchen, aber auch Forellen und Barsche, die man am Schweizer Ufer Egli und am österreichischen Kretzer nennt. Martin Boesenecker lädt mich noch zu einem Frühstück ins Haus, während draußen die Fische ausgenommen und für den Verkauf oder fürs Räuchern vorbereitet werden.

Am deutschen Ufer entlang fahre ich, noch früh am Tag, nach Bregenz, dann weiter in die Schweiz, nach Roggwil im Thurgau. Am Vormittag wird dort in der „Obstsortensammlung" gepflückt. Um die 200 Mitglieder hat der Verein mit diesem außergewöhnlichen Namen. Drei Viertel der früher landschaftlich markanten, schönen Hochstamm-Obstbäume sind im vergangenen halben Jahrhundert im Thurgau verschwunden und damit auch drei Viertel der Obstsorten. Der Kanton wollte dem gegensteuern und eine eigene Obstpflanzung erstellen. Vergebens. Dann gab es beim Bau der Autobahnumfahrung von Arbon eine Landumlegung, und da gründeten 1994 einige Oberthurgauer den Verein „Obstsortensammlung". Sie übernahmen vier Hektar Land vom Kanton – und heute stehen da 320 hochstämmige Obstbäume, auf denen 320 verschiedene Obstsorten wachsen. Der Präsident des Vereins, Heinz Daepp, zerstreut meine Zweifel, dass es so viele Sorten gebe: „Sie können jeden Baum anschauen, können von allem probieren, was da wächst – es sind alles verschiedene Sorten." Heute sind die Äpfel an der Reihe, überall stehen an den hochstämmigen Bäumen Leitern, auf denen Männer und Frauen, manche schon reiferen Alters, pflücken. 150 verschiedene Apfelsorten wachsen hier, viele, von denen ich noch nicht einmal die Namen gehört habe: Adamas Parmäne, Beeriapfel von

Niederhelfenschwil, Bihorel-Reinette, Fraurotacher, Melchnauer Sonntagsapfel, Pfaffenapfel, Schmalzacker – und viele andere, die alle einmal im Thurgau heimisch waren. „Mostindien“ sagen sie in der Schweiz zum Thurgau, weil die Äpfel und der aus ihnen gewonnene Most so typisch für das Land sind, und Indien deshalb, weil die geographische Form des Kantons jener Indiens ähnelt. Fast die Hälfte aller Bäume hier sind Äpfel, dann gibt es 90 verschiedene Birnensorten, dazu kommen 50 Kirsch- und 29 Zwetschgenbäume. Und ein Nussbaum gehört auch noch dazu. Das ist die einmalige Leistung, die der Verein „Obstsortensammlung“ auf die Stämme gebracht hat. Die Ernte heute ist gut, viele Kisten mit Äpfeln werden von den Pflückerinnen und Pflückern in die Scheune getragen. Kein einziger Apfel geht in den Verkauf, alles wird selbst verbraucht, jeder kann mitnehmen, so viel er will. „Probiert die verschiedenen Sorten, versucht den Unterschied herauszufinden, und schreibt euch das auf“, meint Heinz Daepp zu seinen Freunden. Denn nur so könne man sich langsam diesem Reichtum der verschiedenen Sorten nähern. Aber nicht nur geerntet wird hier, jedes Mitglied muss sich verpflichten, zwei halbe Tage im Jahr mitzuarbeiten. „So erhalten wir das alte Wissen um Pflanzung, Schnitt und Veredelung der Obstbäume“, meint Daepp und bietet auch mir Äpfel aus der heutigen Pflückung an

Ungern verlasse ich die Idylle in Roggwil, um am Schweizer Ufer über Romanshorn, Kreuzlingen und Ermatingen Richtung Stein am Rhein zu fahren. Bei Salenstein grüßt von oben Arenenberg, jenes Schloss, in dem Napoleon III. (1808–1873), ein Neffe Napoleons I., seine Jugend verlebt und auch so etwas wie kaiserliches Leben an den Bodensee gebracht hat. Heute ist dort das **Napoleon-**

Geschichte 2

museum untergebracht, das einen schönen Einblick vor allem in die adelige Wohnkultur um die Mitte des 19. Jahrhunderts gibt.

Ich fahre nach Stein weiter, um dann auf der anderen, deutschen Seite des Untersees auf die Halbinsel Höri zu gelangen. Dorthin, wo in Hemmenhofen Otto Dix und in Gaienhofen Hermann Hesse wohnten. (Siehe Seite 108.) Ich aber will ins Innere der Halbinsel, nach Schienen. Im Dorfkern gibt es „s'Lädele", ein kleines Geschäft, in dem die „Produkte der Halbinsel Höri" angeboten werden. Es ist kein gewöhnlicher Laden, sondern eine Genossenschaft, die von den Bewohnern gegründet wurde, um die Anlieferungen von den Landwirten und kleinen Gewerbetreibenden der Region zu verkaufen und damit auch ein Geschäft im Dorf zu haben. Dort ganz in der Nähe, im Herzen der Höri, in Hof Riedern auf dem Schienerberg, hat der Biobauer Pirmin Neidhart seine Landwirtschaft. Die Halbinsel Höri ist, wie sie sich zwischen Stein am Rhein und Radolfzell erstreckt, wie sie zwischen Untersee und Zeller See hineinragt, nicht nur unglaublich reizvoll, sie ist auch ein selten fruchtbares Gebiet. Alles gibt es da, was man sich aus und auf der Erde wünschen kann. Und das alles mit außerordentlichem Wohlgeschmack. Berühmt ist die Höribülle, eine ganz besonders milde, aromatische, rote Zwiebel. Dieser kleinen, roten Zwiebel ist alljährlich ein eigenes **Fest auf der Höri** gewidmet. Skurriles Pirmin Reinhart nimmt eine und reicht sie mir: „Beißen Sie ruhig hinein, Sie können sie ganz einfach so essen. Vielleicht noch ein Butterbrot dazu, dann haben Sie eine perfekte Mahlzeit." Es stimmt wirklich, man kann sie so essen. Noch viel mehr aber breitet sie ihren Wohlgeschmack in Salaten oder als Ergänzung bei den um den ganzen Bodensee berühmten Käsknöpfle oder Kässpätzle oder Chäschnöpfli – was ohnehin alles zwar nicht das Gleiche, aber doch ganz ähnlich ist – aus. Einfach köstlich! (Rezepte siehe Seite 52) Pirmin – hier heißen viele Menschen noch nach den Heiligen der Umgebung – geht in das angrenzende Lager, Sohn Alexander kommt dazu und nimmt mich mit in die Scheune, die voll ist mit Kartoffeln, Tomaten – ganz stolz ist er auf die wirklich so schmeckenden Aroma-Tomaten –, Gurken, Zucchini und verschiedenen Salate. Und natürlich voll von Höribülle. Selbstbewusst zeigen Pirmin und Alexander Neidhart, was sie anbieten können. Bauern eben, die nicht nur von dem leben, was sie anbauen, sondern auch mit dem. Und das tun auch die Wirte auf der und nahe der Höri. Zwei heißen auch – wie noch manch andere – Neidhart, zwei Brüder, die in Moos, nahe Radolfzell, ihre Lokale betreiben. **„Gottfried“** nennt sich das eine, das neue Restaurant, **„Grüner Baum“** das andere, jenseits der Straße. Aus dem stammen die beiden Brüder. Für Fische sind beide berühmt, nicht nur für die üblichen, sondern auch für Hecht, Aal, Trüsche oder Wels – alle aus dem Bodensee. Hier werden sie, als Besonderheit, auch ganz zubereitet. Und natürlich hört man auch von den Brüdern Neidhart das Loblied auf die Höribülle.

Kulinarik 4

So kann ein Tag um den Bodensee sein. Ein Tag im Paradies.

„Öpfelröschti" mit Vanillesauce

Ein ganz besonders Rezept für eine wunderbare Nachspeise aus dem „Apfelkanton" Thurgau. Das Rezept wurde der hübschen Broschüre „Thurgauer Chochbüechli" entnommen, die zum 200. Geburtstag des Kantons Thurgau im Jahre 2003 herausgegeben wurde.
Die Angaben gelten für vier Personen.

* 400 g saure Thurgauer Äpfel
* 150 ml naturtrüber Thurgauer Apfelsaft
* 40 g helle Sultaninen
* 1/2 Zimtstange
* 40 g Butter
* 100 g Weißbrot vom Vortag
* 300 ml Milch
* 3 Eigelb
* 40 g Zucker
* 1/2 Vanilleschote
* 1 Schuss Kirsch

***

Äpfel schälen und in feine Schnitze schneiden. Apfelsaft mit Zimtstange und Sultaninen erhitzen, Apfelschnitze dazugeben und kurz kochen, damit sie noch knakkig sind. Weißbrot in dünne, blättrige Stücke schneiden.

Vanillesauce: Vanilleschote längs halbieren, Mark herauskratzen, Milch mit Mark und Schote aufkochen. Eigelb und Zucker in einer Schüssel cremig rühren, heiße Milch unter Rühren durch ein Sieb dazugießen, zurück in die Pfanne schütten. Bei schwacher Hitze unter ständigem Rühren mit einer Kelle vorsichtig zur „Rose" (85 Grad) erhitzen, durch ein Sieb umgießen und Kirsch dazugeben.
Öpfelröschti: Weißbrot in Butter goldgelb rösten, am Schluss die warmen Äpfel ohne Sauce dazugeben. Auf einem Spiegel von Vanillesauce anrichten.

Bülledünne

Bülle-Rezepte gibt es viele: mit Bodenseefischen, zu Fleisch, als Gemüse oder in Salaten. Allerdings ist die Zwiebel nicht nur – und die Bülle schon gar nicht – ein nebensächliches Küchengewürz. Im Herbst, zur Erntezeit von Äpfeln und Bülle, rückt sie in Form der Bülledünne in den Mittelpunkt. Auf dem jährlich am ersten Sonntag im Oktober stattfindenden Bülle-Fest auf der Höri findet die Bülledünne (eine Art Zwiebelpizza) zusammen mit einem Glas „süeße Moscht" reißenden Absatz. Ein altes Rezept sei hier verraten:

Hefeteig, bestehend aus
* 20 g Hefe
* 250 g Mehl
* 10 g Butter
* 1/2 TL Salz
* 1/2 TL Zucker
* 150 ml Wasser

Belag
* 12 große Bülle
* 3/8 l saurer Rahm
* 4 Eigelb
* Salz

***

Hefeteig
Mehl in eine Schüssel geben und mit Salz mischen. Frische Hefe in 150 ml lauwarmem Wasser auflösen und mit Zucker verrühren. Hefelösung zum Mehl gießen und weiche Butter (Zimmertemperatur) zufügen. Alle Zutaten zu einem geschmeidigen Hefeteig verkneten. Teig auf einer leicht bemehlten Arbeitsfläche zu einer Kugel formen, mit etwas Mehl bestäuben und mit einem sauberen Geschirrtuch abdecken. Hefeteig mindestens 30 Minuten rasten lassen, bis der Teig sichtbar aufgegangen ist.

Bülledünne
Den Hefeteig auf einem Blech auseinanderdrücken, darauf 2 cm hoch goldbraun gedämpfte Höribülle verteilen, alles mit einer Mischung aus saurem Rahm, Eigelb und Salz bestreichen. Im Backofen ½ Stunde bei 270 Grad backen.

Ohne Rhein kein Bodensee

Der 14. Oktober 2011 war ein besonderer Tag: Mit einer großen Informationsveranstaltung im Museum **„Rhein-Schauen“** in Lustenau trat die Zusammenarbeit zwischen der Schweiz und Österreich zur Rheinregulierung in ein neues Stadium. In einem Staatsvertrag – dem vierten in Sachen Rhein – wurde festgelegt, in den nächsten 25 Jahren, also etwa bis Mitte der dreißiger Jahre dieses Jahrhunderts, rund 400 Millionen Euro, die von der Schweiz und Österreich zu gleichen Teilen übernommen werden, in die Hochwassersicherheit des Rheins zu investieren. Die Politik ist sich einig: „Wir brauchen diesen Staatsvertrag, damit wir gemeinsam einen großen Schritt in Hinblick auf die Umsetzung des Entwicklungskonzepts Alpenrhein machen“, meint Willi Haag, Regierungsrat des Kantons St. Gallen. Und der Vorarlberger Umweltlandesrat Erich Schwärzler ergänzt: „Wir müssen die bekannten Defizite – Hochwasserschutz, Ökologie und Grundwasser – beheben. Das soll durch dieses Projekt erreicht werden.“ Bis etwa 2017 werden die Planungsphase,

Kultur

verschiedene Umweltprüfungen und Ausschreibungen dauern, dann soll etwa zwanzig Jahre gebaut werden.

„Ziel ist die Erhöhung der Abflussmenge von 3.100 Kubikmetern auf 4.300 Kubikmeter pro Sekunde und die Verhinderung von unkontrollierten Dammbrüchen", meint Hans Peter Willi, eidgenössischer Leiter der Abteilung Gefahrenprävention und Mitglied der Gemeinsamen Rheinkommission. Eine der Überlegungen ist, die bestehenden Dämme um etwa 170 Zentimeter zu erhöhen, eine andere, die derzeitigen Überschwemmungsgebiete beiderseits des Rheins in das Flussbett zu integrieren.

Der Rhein, den die Römer „Rhenus" nannten, war vor allem für die Bewohner des Mündungsgebietes in den Bodensee immer eine Bedrohung. „Der Rhein kommt" war ein bekannter Schreckensruf auf Schweizer und österreichischer Seite, der Begriff der „Rhein-Not" ist seit Jahrhunderten berüchtigt. Regelmäßige Aufzeichnungen gibt es erst seit etwa 1700. Die schlimmste Katastrophe ereignete sich im Jahr 1762, als der Rhein am 9. Juli bei Oberriet und Lustenau die Dämme durchbrach. 1817 überschwemmte der Rhein das gesamte Rheindelta, ab Mitte des 19. Jahrhunderts kam es fast alljährlich zu Überschwemmungen, das Jahr 1880 brachte eine neue, verheerende Katastrophe. Daraus folgte die Zusammenarbeit der beiden Länder zur Eindämmung des Rheins, die 1892 in den ersten Vertrag mündete.

Der Rhein war aber nicht nur Bedrohung, der Rhein schuf auch fruchtbares Land zu beiden Seiten. Das Alpenrheintal zwischen Chur und Mündung gilt heute – so eine Beilage der „Neuen Zürcher Zeitung" vom 16. November 2011 – als „eine der wettbewerbsfähigsten Regionen Europas". Das einzige, das fehle, sei ein städtisches Zentrum. Damit aber hätten die Bewohner des Rheintals

„überhaupt kein Problem". Wichtig sei die wirtschaftliche Prosperität, in der kleinere Unternehmen und Industriekonzerne große Beträge in Forschung und Entwicklung investierten, das Angebot an hochwertigen Arbeitsplätzen und bester Ausbildung an Fach- und Hochschulen in Dornbirn, Vaduz, Buchs und Chur sowie der benachbarten Hochschule St. Gallen. Nicht zuletzt biete das kulturelle Angebot internationales Niveau – ein Schwerpunkt davon liegt mit dem Kunsthaus Bregenz, den Bregenzer Festspielen und der neuen, aufsehenerregenden Architekturszene in Vorarlberg. Die „Neue Zürcher" fasst zusammen: „Das Rheintal steht für Innovation. Und für die Überwindung von Grenzen." Ähnlich sieht das das Institut für Geographie an der Universität Innsbruck, das vom „Alpenrhein als Labor" spricht. In einer Erklärung vom 10. Dezember 2011 wird auf eine seit Jahren stattfindende Kooperation der Uni Innsbruck mit der Hochschule Liechtenstein und der Eidgenössischen Forschungsanstalt Wald, Schnee und Landschaft hingewiesen: „Die ökologischen, wirtschaftlichen und kulturellen Veränderungen finden auf relativ engem Raum statt, womit sie zu einem idealen Forschungslabor werden", meint der leitende Professor, Martin Coy.

Der Rhein entsteht am Zusammenfluss von Vorderrhein und Hinterrhein bei Reichenau im Kanton Graubünden. Der Vorderrhein entspringt im Tomasee, der Hinterrhein bei Rheinwaldhorn im Adula-Massiv, der eine ist 68 Kilometer, der andere 57 Kilometer lang. Ab dem Zusammenfluss bei Reichenau heißt der Fluss Alpenrhein und hat eine Länge von 102 Kilometern, bis er bei Hard in den Bodensee mündet. In urgeschichtlichen Zeiten war das gesamte Rheintal von Gletschern bedeckt, erst mit ihrem Abschmelzen bildete sich der Bodensee, der damals noch als fjordartiger Rhein-Linthsee das ganze Tal ausfüllte und sich bis Chur erstreckte. Der Rhein schüttete das Tal immer weiter auf und drängte den See weiter zurück. So entstanden vor etwa 16.000 Jahren der Rhein und der Bodensee – erdgeschichtlich ein Wimpernschlag. Wenn wir weiterdenken: Der Rhein bringt jährlich bis zu drei Millionen Kubikmeter Feststoffe in den Bodensee, von denen höchstens fünf Prozent ausgebaggert werden können. Rein rechnerisch würde demnach allein der Rhein den Bodensee mit seinem Geschiebe in 16.000 Jahren auffüllen. So stehen wir also derzeit ziemlich genau in der Mitte zwischen Bildung und Auffüllung des Bodensees – zumindest wäre das so, wenn der Mensch nicht eingriffe.

Im Mündungsgebiet des Rheins zeigen sich schon heute solche Probleme. Mit dem „Fußacher Durchstich" wurde die Mündung des Rheins von Gaißau zwölf Kilometer weiter nach Osten verlegt. Die Probleme zeigten sich schnell: Die Verlandung der Fußacher Bucht drohte ebenso wie jene der Harder Bucht und konnte nur durch aufwendige Sanierung verhindert werden. Um eine Landbrücke aufzuhalten, die sich zwischen Hard und Lindau zu bilden drohte und damit die ganze Bregenzer Bucht abgeschnitten hätte, wurde die Rheinvorstreckung gebildet. Durch seitliche Dämme wird der Rhein nun mehrere Kilometer weit in den Bodensee „vorgestreckt", wodurch er sein Geschiebe in das tiefere Wasser einleitet. Rund 4,5 Kilometer außerhalb, an der sogenannten Halde, beginnt nämlich der tiefe Bodensee. Dort kann sich das Material auf dem Seegrund in Richtung Längsachse des Obersees besser und weiträumiger verteilen.

Der Alpenrhein ist der mit großem Abstand stärkste Zufluss in den Bodensee, pro Sekunde bringt er im Mittelwert 235 Kubikmeter in den Bodensee, bei einem Jahrhunderthochwasser können es aber auch 3.100 Kubikmeter pro Sekunde sein. Über das Jahr gesehen liefert der Rhein mehr als 60 Prozent der Zuflüsse in den See. Der nächstgroße Zubringer ist die Bregenzer Ach mit mehr als zwölf Prozent, dann die Argen mit gut fünf und die Schussen mit knapp drei Prozent, schließlich noch die Dornbirner Ach mit etwa zwei Prozent. So ist der Bodensee nicht nur ein Produkt des Rheins, sondern auch so etwas wie der Rhein selbst, der ja vor der Mündung und nach dem Abfluss denselben Namen trägt. Der See ist also der erweiterte Rhein, der sich nach der Mündung in den Obersee noch kurz an der Oberfläche hält, dann aber, weil er kälteres Wasser bringt und kaltes Wasser eine größere Dichte hat, in die Tiefe sinkt. Im „Seespiegel" kann man es lesen: „Es ist schon ein merkwürdiger Anblick: Wir nähern uns mit der ‚August Thienemann', dem Forschungsschiff des Instituts für Seenforschung, am Südostende des Bodensees vom See her gen Ufer. Schlagartig wird das klare, bei schönem Wetter richtiggehend blaue Seewasser schmutzigtrüb. Richtige Wasserwolken gibt es – wie wenn eine Riesenhand braune Farbe in den See gegossen hätte: Wir sind am ‚Rheinbrech', jener Stelle, in die der Alpenrhein mit seinem sedimenthaltigen Wasser in den Bodensee mündet. Diesen förmlichen Zusammenstoß von Fluss und See kann man gut an den wie Nebelschwaden wabernden braunen Fluss-Wassermassen vom Schiff aus erkennen oder noch besser aus der Vogelperspektive."

Der Rhein schiebt sich in seiner Hauptströmung quer durch den Bodensee bis nach Konstanz. Dort tritt er in eine Enge Richtung Untersee, den sogenannten Konstanzer Trichter. Üblicherweise geht die Kilometerzählung (Kilometrierung) eines Flusses von der Quelle bis zur Mündung, beim Rhein gibt es eine Zählung vom Beginn des Alpenrheins bis zur Mündung in den Bodensee (km 0 bis 91, inklusive Rheinvorstreckung bis km 94), mit dem Austritt wird neu gezählt. Die heutige Kilometrierung des Rheins beginnt in Konstanz in der Mitte der Rheinbrücke mit dem km 0,0 und endet bei km 1032,8 in Hoek van Holland. Diese Kilometrierung des Rheins wurde 1939 eingeführt, entlang des Rheins wird sie in großen, rechteckigen Tafeln angegeben.

Ab der Konstanzer Brücke nennt man den Fluss Seerhein. Er verbindet den Obersee mit dem Untersee, der etwa 30 Zentimeter tiefer liegt. Hier lässt sich die Strömung des Rheins, die sich kaum mit dem Seewasser vermischt, mit freiem Auge verfolgen. Der nördliche Teil des Untersees, der Zeller See bei Radolfzell und der Gnadensee, der nördlich der Insel Reichenau gelegene Teil, werden von der Rheinströmung kaum berührt. Wo der Rhein bei Stein am Rhein aus dem Untersee austritt, beginnt der Hochrhein – und damit der längste Fluss Deutschlands.

Wenige Kilometer weiter, bei Schaffhausen, stürzt sich der Fluss in den größten Wasserfall Europas – ein unbeschreibliches Naturschauspiel. Seit etwa 17.000 Jahren fallen die Wassermassen in einer Breite von 150 und einer Höhe von 23 Metern über Felsen. Im Durchschnitt sind das im Sommer jede Sekunde etwa 700 Kubikmeter Wasser, bei Hochwasser wurden aber auch schon 1.250 Kubikmeter gemessen, das sind 1,250.000 Liter Wasser pro Sekunde. Ungeachtet solcher Größenordnungen ist der Rheinfall aber ein optisches Ereignis ersten Ranges, wie das schon Eduard Mörike (1804–1875) in seinem Gedicht „Am Rheinfall“ beschreibt:

Halte dein Herz, o Wanderer, fest in gewaltigen Händen!
Mir entstürzte vor Lust zitternd das meinige fast.
Rastlos donnernde Massen auf donnernde Massen geworfen,
Ohr und Auge, wohin retten sie sich im Tumult?

Doch mit dem Rheinfall haben wir uns etwas vom Bodensee entfernt – angesichts der Schönheit dieses Ortes allerdings mit Recht. Damit noch einmal zurück zum See und zu seinem Namen. Der römische Schriftsteller Plinius der Ältere bezeichnete den Bodensee im ersten nachchristlichen Jahrhundert als „Lacus Brigantinus", nach dem römischen Brigantium, dem heutigen Bregenz. Um das Jahr 830 schrieb der Reichenauer Abt Walahfrid Strabo vom See als „Lacus Bodamicus", woraus sich zwei Deutungsmöglichkeiten ergeben. Einmal könnte der Begriff von dem griechischen Wort „potamos", Fluss, abgeleitet sein, insbesondere, da sich der Bodensee bei der Insel Reichenau mehr als Fluss denn als See zeigt. Wahrscheinlicher ist aber, dass sich Walahfrid Strabo auf Bodoma bezog, das heutige Bodman am Überlinger See, wo sich eine karolingische Kurpfalz befand. Schließlich taucht bei Wolfram von Eschenbach (1170/80–1220), einem mittelalterlichen Minnesänger, erstmals der Name „bodemsê" auf, also unsere heutige Bezeichnung. Im Englischen „Lake Constance", im Italienischen „Lago di Constanza" und im Französischen „Lac de Constance" hat sich heute aber eine andere Stadt als Namensgeber eingefunden: Konstanz. Fast alle anderen Sprachen aber bleiben bei der Übertagung von „Bodensee".

Mostindisches Curry zu Lammsauté

Mostindien nennt man in der Schweiz oft den Thurgau, weil der Kanton einen ähnlichen Landschaftsumriss hat wie Indien. Und der Most, das ist klar, kommt von den Thurgauer Äpfeln. Zu dieser Verbindung von Most und Indien passen denn auch das Curry und das Thurgauer Lamm.

* 2 Schalotten, gehackt
* 2 Knoblauchzehen, gehackt
* Butter zum Andünsten
* 2 EL Kokosraspel
* 1–2 TL Currypulver, mittlere Schärfe
* 100 ml Apfelwein
* 200 ml Gemüsebouillon
* 1 Birne, geschält und in Würfel geschnitten
* 3 Tomaten, geschält und in Würfel geschnitten
* Salz
* 100 g Crème fraîche

***

Schalotten und Knoblauch in der Butter andünsten, Kokosraspel und Currypulver beigeben und mitdünsten. Mit Apfelwein und Gemüsebouillon ablöschen. Birnen und Tomaten beigeben, etwa eine Stunde kochen lassen. Die Sauce fein pürieren und passieren, Crème fraîche darunterrühren, mit Salz und Curry abschmecken.
Das Lamm im heißen Butterschmalz kurz anbraten, die Currysauce darübergießen. Sofort heiß servieren.
Als Beilage eignet sich beispielsweise ein Linsengericht.

Hafaloab und Sure Räba

Ein altes Vorarlberger Gericht, das bei traditionellen Festen wiederentdeckt wurde und vor allem in den Rhein-Gemeinden heimisch ist. Man kann den Hafaloab (Wortgebilde aus Hafen (großer Topf) und Laib) und die Sure Räba (Saure Rüben) als Hauptspeise oder auch als Beilage etwa zu einer Schlachtplatte mit Blutwürsten servieren.

Hafaloab
* 2 Tassen Milch
* 1 Tasse Maisgrieß
* 1 Tasse Mehl
* 1 Tasse Semmelbrösel (= Paniermehl)
* Salz
* Pfeffer
* gehackte Petersilie
* Muskat
* 1 bis 2 Eier

Sure Räba
* 800 g Sure Räba (angesetzt wie Sauerkraut)
* Wacholderbeeren, Pfefferkörner, Lorbeerblätter
* Obers (= Sahne)
* Brösel
* Butter

***

Hafaloab
Die Milch in einem „Hafen“ erhitzen und mit Grieß, Mehl und Semmelbrösel in einer Schüssel vermischen, würzen, dann die Eier daruntermischen. Kleine Laibe formen und in genügend Salzwasser 10 bis 12 Minuten kochen lassen.

Sure Räba
In einem Topf den Boden mit Wasser bedecken, Sure Räba dazugeben, ein Gewürzsäckchen bereiten und einlegen, zugedeckt weich dünsten. Am Schluss einen Schuss Obers einrühren. Brösel in Butter knusprig anbraten, über die Suren Räba geben.

Der Geist weht, wo er will

Es war der langjährige Direktor der Stiftsbibliothek St. Gallen, der Prälat, Honorarprofessor und mehrfache Doktor Johannes Duft (1915–2003), der im Jahre 1993 die Festrede zur Eröffnung des prächtigen Kuppelsaales der Vorarlberger Landesbibliothek in Bregenz hielt. Gut erinnere ich mich an unser Gespräch vor der Bibliothek, in dem Johannes Duft meinte, dass das ein ganz besonderer Platz sei. Man habe von hier einen prächtigen Blick auf den Bodensee und man überblicke nicht nur die „gesegnete Landschaft“, sondern auch die ganze Geschichte der vielen Klöster am See. „Hier nahm alles seinen Anfang, hier haftet die Geschichte tatsächlich am Boden. Um 610 kamen die ersten irischen Glaubensboten Kolumban und Gallus an den Bodensee.“ Gallus sei dann nach St. Gallen gegangen, habe das dortige Kloster und damit auch die Stadt begründet. „Glauben Sie mir“, sagte der damals schon betagte Monsignore Duft, „glauben Sie mir, der Bodensee wäre ein anderer See, wenn die Klöster nicht gewesen wären.“ Er sei, so meinte er, ein alter Freund des Jesuswortes „Der Geist weht, wo er will.“ (Joh. 3, 8) Gerade hier am See zeige sich, dass dieser Geist geweht habe, der Geist, der die vielen Klöster um den See verteilt habe.

Er hatte schon recht, der alte Monsignore, es sind viele Klöster um den See. Vor allem Benediktiner waren es, die kamen. Es sind zu viele Klöster, als dass man sie alle besuchen könnte – außer man hat viel Zeit. Häufig würde man dabei den **Vorarlberger Barockbaumeistern** begegnen, 6 Kultur die überwiegend aus dem Bregenzerwald kamen und ihre Spuren weit um den Bodensee bis ins Elsass hinterlassen haben. Meist wurden ursprünglich einfache romanische Kirchen barockisiert, weil die katholische Kirche nach der Reformation optisch opulent zeigen wollte, „wo Gott wohnt“. Romanisches ist nicht mehr viel geblieben, das Wenige allerdings ist Weltkultur. Klöster findet man also viele – Mönche findet man in den Klöstern aber kaum mehr. „Am Anfang stand St. Gallen“, sagte Johannes Duft, „wo Gallus eine Einsiedelei gründete.“ Eigentlicher Gründer aber war erst um das Jahr 719 Otmar, der ein regelmäßiges Klosterleben einführte. Vierzig Jahre baute Otmar das Kloster auf, dann wurde ihm seine aufrechte Haltung zum Verhängnis. Er wollte sich beim König gegen Beschlüsse zur Wehr setzen und wurde deshalb auf die **Insel Werd** 7 Skurriles im Bodensee verbannt, wo er kurz darauf starb.

Doch zurück zu Johannes Duft und St. Gallen. Die zweite wichtige Gründung war um das Jahr 820 die **Stifts-** 8 Kultur **bibliothek**, die heute nicht nur als schönste Bibliothek, sondern auch als schönster Barockraum zumindest der Schweiz gilt. Mit dem Kloster ging es auf und nieder, in der Reformationszeit wurde es aufgehoben, dann wieder zugelassen, bis im 18. Jahrhundert eine neue Hochblüte und mit ihr Neubauten kamen. Die Baumeister waren Vorarlberger, Bregenzerwälder. Der gesamte **Stiftsbezirk** 9 Kultur von St. Gallen steht seit 1983 auf der Liste des UNESCO-

Weltkulturerbes. Monsignore Duft meinte etwas gedämpft: „Nach der Blüte aber kam ganz schnell der Niedergang: 1805 hob die Stadt St. Gallen das Kloster auf. Und Sie können mir glauben, mich schmerzt das noch heute.“

Von St. Gallen gibt es eine direkte Verbindung zum Kloster auf der Insel Reichenau im Untersee. Um das Jahr 820 wurde auf der Reichenau der St. Galler Klosterplan gezeichnet, der umfangreichste Plan eines Baukomplexes aus dem Mittelalter. Archäologische Grabungen aus dem Jahr 2011 zeigen, dass die gefundenen Hausgrundrisse ziemlich genau mit dem Klosterplan übereinstimmen. Allerdings wurden nur Teile des Plans gebaut. Der Klosterplan hat aber andere Auswirkungen: In Meßkirch, etwa eine Autostunde vom Bodensee entfernt, wird ab 2013 der St. Galler Klosterplan, die „idealtypische Vision eines Klosterbaus“, in die Wirklichkeit umgesetzt. Und zwar so, wie man zur Zeit, als der Plan auf der Reichenau gezeichnet wurde, baute, also ohne Maschinen, nur mit der Kraft von Mensch und Tier und mit mittelalterlichem Werkzeug. In etwa einem halben Jahrhundert, um 2055, soll das „Kloster“ stehen.

Der heilige Pirmin war es, der 724 das Kloster auf der Reichenau gründete. Der Legende nach war die Insel damals nur von Kröten und giftigen Schlangen bewohnt, weshalb der Heilige gewarnt wurde, sich dort niederzulassen. Doch als Pirmin seinen Fuß auf den Boden der Insel gesetzt habe, sei all das schlimme Getier auf der anderen Seite in den See gesprungen und nie mehr wiedergekehrt.

Im 9. Jahrhundert erlebte die Reichenau ihre erste Blütezeit. Das Kloster war im Frühmittelalter eines der wichtigsten kulturellen und wissenschaftlichen Zentren im Reich der Karolinger und Ottonen. Einer der herausragenden Äbte war Walahfrid Strabo, ein literarisches Ausnahmetalent, von dem heute noch zwei bedeutende

Texte – die „Visio Wettini“ und der „Liber de cultura hortorum“ – erhältlich sind. Der nach Walahfrid Strabos Angaben gepflanzte **Kräutergarten** (10 Natur), der Ursprung der heutigen Gemüseinsel, ist hinter der Kirche in Mittelzell zu sehen. Viele Gelehrte folgten, vor allem die Buchmalerei der Reichenau erlangte Weltruhm. Es entstanden liturgische Prachtschriften, besonders bekannt ist das Evangeliar Ottos III. Seit dem Jahr 2003 sind die Schriften der Reichenau im Weltdokumentenerbe der UNESCO enthalten.

Die Reichenau ist einer meiner Lieblingspunkte im Bodensee, eine Insel, auf der man – wie das der frühere deutsche Bundespräsident Theodor Heuss formulierte – „auf einer Wegstrecke von einer Stunde tausend Jahre Geschichte erleben kann“. Reichenau ist eine Gemeinde, die sich in Oberzell, Mittelzell und Niederzell gliedert. Ursprünglich standen auf dieser Insel mehr als dreißig Kirchen, heute sind es nur noch drei. Allerdings: Was für **Kirchen** (11 Kultur)! Jede für sich ist eine Sensation, alle gemeinsam stehen deshalb seit dem Jahr 2000 auf der UNESCO-Weltkulturerbe-Liste. St. Georg in Oberzell, das Münster St. Maria und Markus in Mittelzell und St. Peter und Paul in Niederzell. St. Georg ist nicht zuletzt für ein Kuriosum bekannt: eine Wandmalerei, die die noch heute verwendete Redensart zeigt, dass etwas „auf keine Kuhhaut“ gehe: Vier Teufel halten eine Kuhhaut, während ein fünfter einen Spruch auf die Haut schreibt. Dem liegt die mittelalterliche Vorstellung zugrunde, die Teufel würden die Verfehlungen der Menschen aufschreiben, um nach deren Tod Beweismaterial beim Kampf um die Seele zu haben.

Unabhängig vom normalen Kalender gibt es auf der Reichenau drei Inselfeste. An diesen Tagen rücken die Musik (vor allem Pfeifer) und die **Bürgerwehr** (12 Skurriles) zu einer Prozession aus. Diese Wehr ist etwa 900 Jahre alt und

Inselprozession auf der Reichenau: Bürgerwehr in altösterreichischer Uniform

trägt Vorderlader mit Bajonett und altösterreichische Uniformen. Das Kloster Reichenau hatte mehr als tausend Jahre Bestand, erlebte viele Höhen und Tiefen und wurde im Jahr 1803 im Zuge der Säkularisation endgültig aufgehoben. Seit 2001 aber lebt wieder eine kleine Gemeinschaft von Benediktinern in Mittelzell.

Das „jüngste" der angeführten Klöster ist die 1097 gegründete Mehrerau in Bregenz. Hier schließt sich ein Kreis über den See. Der Konstanzer Bischof Gebhard stammte aus dem Geschlecht der Grafen von Bregenz. Geboren wurde er auf dem nach ihm benannten Gebhardsberg, einem wunderbaren Aussichtspunkt und Wallfahrtsort über Bregenz, erzogen von seinem Onkel, Bischof Konrad von Konstanz, dessen Nachfolger Gebhard wurde. Als Konstanzer Bischof gründete er das Kloster Petershausen – und die Benediktiner-Mönche aus Petershausen gründeten wiederum die Mehrerau, die direkt am Bregenzer Ufer des Bodensees liegt.

„Der Bodensee ist für mich schon etwas Besonders", sagt der Mehrerauer Mönch Anselm van der Linde. Bei einem Gespräch im Klostergarten erklärt er mir warum: „Ich stamme aus Südafrika, bin dort geboren und als Calvinist aufgewachsen. Später trat ich zum Katholizismus über und bei den Zisterziensern in die Mehrerau ein. Als Kind habe ich in Südafrika immer wieder versucht, mir die Ewigkeit vorzustellen. Das ist mir nur in der afrikanischen Savanne gelungen, in dieser scheinbar unendlichen Weite. Hier vermisse ich die Savanne. Dann war ich studienmäßig in Innsbruck, umgeben von Bergen. Es war schrecklich. Danach, wieder in der Mehrerau, war der Bodensee wie eine Befreiung, er gibt mir auch diese scheinbare Unendlichkeit der Savanne. Und so habe ich auch hier mein Bild von der Ewigkeit." Seit 2009 ist Anselm van der Linde Abt des **Klosters Wettingen-Mehrerau.** 13 Geschichte

St. Galler Bratwurst mit Knusperzwiebel

„Die Gute zwischen zwei Zipfeln“ – das kann man im Kanton St. Gallen bisweilen hören. Gemeint ist dann die Bratwurst, zu Zeiten der OLMA, der Messe für Land- und Milchwirtschaft, auch OLMA-Bratwurst genannt. Die Wurst ist mindestens so bekannt wie die Messe, manche meinen sogar, mindestens so bekannt wie das berühmte Kloster. Immerhin reicht auch die Geschichte der Wurst bis ins 14. Jahrhundert zurück.

* 4 St. Galler Bratwürste
* Öl oder Butterschmalz
* Mehl
* Zwiebel

***

Die Haut der Bratwürste einstechen (in der Schweiz mit dem Geschwellti-Gäbeli), damit sie nicht platzt. Öl in der Pfanne erhitzen, Zwiebel in feine Streifen schneiden. Mehl über die Zwiebel streuen, goldbraun braten und warm stellen.

Die Bratwürste in der Pfanne langsam (etwa 15 Minuten) knusprig braten, die warm gestellten Zwiebelstreifen drüberstreuen. Ideale Beilage: Rösti, gebratene Kartoffelwürfel oder einfach Brot. Übrigens: Echte St. Galler essen die Wurst strikt ohne Senf!

„Der Wein erfreut des Menschen Herz“

Man müsse den Wein auf dem Boden trinken, der ihn erzeugt hat, und in der Luft, in der er gewachsen ist. Das ist eine alte Regel, die überall dort gilt, wo Wein gedeiht. Sie gilt auch – und vor allem – am Bodensee. Denn der Wein gehört zum See – und der See zum Wein. Das hat Geschichte. Schließlich pflanzte hier Karl III., ein Enkel Karls des Großen, im Bodaner Königsweingarten im Jahre 884 den ersten Spätburgunder an. Wein getrunken hat man am Bodensee aber schon viel früher, wie archäologische Grabungen auf der Höri und bei Steckborn belegen, schon lange, bevor die Römer kamen. Selbst die Pfahlbauer wussten bereits um 4000 bis 2000 vor Christus, wie gut die gepressten Reben schmecken. Um den ganzen See wurde Wein angebaut – heute liegen die großen Gebiete am nördlichen, deutschen Ufer. Kleine Anbauflächen gibt es auch in Vorarlberg, wo der Weinbau in den vergangenen Jahrzehnten wiederbelebt wurde. In der Schweiz, vor allem im Thurgau, wird Wein wieder in größeren Mengen angebaut, allerdings nicht direkt am See, sondern überwiegend auf den nach Süden ausgerichteten Gärten im Thurtal. Kleinere, aber feine Anbauflächen sind auch seenahe im Kanton St. Gallen, in den kleinen Orten Berneck und Balgach im schweizerischen Rheintal gelegen. Aus der Schweiz kommt zudem ein ganz besonderer Beitrag zum Weinbau. In Tägerwilen im Thurgau, einer kleinen Gemeinde am Seerhein bei Kreuzlingen, wurde 1891 Hermann Müller geboren, der sich später Müller-Thurgau nannte. Aus einer Kreuzung von Riesling und Silvaner züchtete er eine neue Traube, die zur erfolgreichsten Neuzüchtung der Welt werden sollte. Nach ihrem „Schöpfer" heißt sie in Deutschland und Österreich Müller-Thurgau, Riesling x Silvaner oder Rivaner in der Schweiz. Auch am Bodensee gehört der Müller-Thurgau zu den häufigsten Rebsorten, fast die Hälfte aller Anbauflächen geht auf den alten Weinforscher Müller-Thurgau zurück.

Es ist ein wunderbarer, schon etwas herbstlicher Vormittag Ende September auf dem Weingut von Gabriele und Karl Megerle. Wenn man über die Zeilen der Reben schaut, sieht man auf den in der Sonne gleißenden See, dahinter die Schweizer Berge: Hinter den noch grünen Blättern ragt der typische spätgotische Turm der Pfarrkirche von Hagnau in den silberblauen Himmel. Gabriele Megerle ist mit Hilfskräften bei der Lese, die man in Hagnau „Wimmle" nennt. Niemand kann mir wirklich erklären, woher dieses Wort kommt, am wahrscheinlichsten wohl vom Dialektausdruck „es wimmelt". Das sagt man hier, wenn viele Menschen an einem Platz sind. Und heute „wimmelt" es im Weingarten, denn die ersten Trauben des Müller-Thurgau werden eingebracht. Gabriele Megerle schneidet die Reben und erzählt mir nebenbei von ihrer Arbeit. Ihr Mann Karl ist Vorstandsvorsitzender des Winzervereins Hagnau. Und der, so meint Frau

Pfahlbaumuseum Unteruhldingen

Megerle, sei ein besonderer Verein. „Bei uns sind fast alle Winzer, insgesamt 60, in dieser Genossenschaft. Alle liefern ihre Trauben beim Verein im Ort ab, hier werden sie verarbeitet, hier wird der Wein gekeltert. Alles wird gemeinsam bestimmt: Wann man diese oder jene Arbeiten im Weinberg erledigt, natürlich auch, wann welche Lese stattfindet, also welche Trauben wann geerntet werden. Das ist einzigartig – und erfolgreich.“ Der Wein beschäftigt die Weinbauern über das ganze Jahr, nicht immer ist die Arbeit leicht. „Aber es ist eine wunderbare Arbeit, immer in freier Natur, man sieht die Reben wachsen und manchmal schaut man auch auf den Bodensee.“ Von Hand wird jede Rebe abgeerntet, mit gekonntem Schnitt trennt Gabriele Megerle die Traube vom Stamm. „Probier ruhig – so viel du willst“, meint sie und reicht mir eine prallvolle Traube. Süß schmeckt sie, wunderbar.

Hagnau ist tatsächlich – ebenso wie das nahe gelegene Meersburg – durch seine Lage gesegnet. Segnungen hat das Weindorf auch durch einen katholischen Priester erhalten, den Dichter und Hagnauer Pfarrer **Heinrich Hansjakob** (1837–1916). Er hat in Hagnau wichtige Spuren hinterlassen. Auch folgende Legende hat er uns überliefert: Als der Herr noch unerkannt auf Erden wandelte, kam er mit Petrus auch nach Hagnau und Immenstaad an den Bodensee und bat um Nachtquartier. Aber die dort wohnhaften keltischen Männlein wiesen ihn grob ab. In Meersburg waren die Leute freundlicher und gaben ihnen Herberge. Der Herr sagte: „Als Dank mache ich Euch eine bleibende Freude: Rebstöcke sollen an Euren Hügeln wachsen und Wein bringen zu Eures Herzens Fröhlichkeit.“ Und schon am Abend tranken die Meersburger süßen Wein. Alsbald erfuhren davon die Kelten von Hagnau. Sie liefen dem Herrn nach, fielen ihm zu Füßen, baten um

Kultur 14

Verzeihung und auch um Weinberge. Der Herr, gütig wie immer, versprach auch ihnen diese Gabe. Petrus aber wunderte sich über die Großzügigkeit und kritisierte den Herrn, denn das sei nicht gerecht. Der Herr aber erwiderte: „Petrus, beruhige dich. Weinberge sollen sie haben; der Wein aber wird so sauer sein, dass sie genug gestraft sind durchs Trinken."

Das also war in Hagnau. Und dorthin kam Heinrich Hansjakob, der nicht nur ein echter Liebhaber guten Weins, sondern auch einer der Menschen war. Den Weinbauern aber ging es in Hagnau Mitte des 19. Jahrhunderts nicht gut. Früher standen sie zwar in Abhängigkeit des Klosters Weingarten, hatten dabei aber nicht nur wirtschaftliche Sicherheit, sondern auch ein gutes Auskommen. Nach der Säkularisation und der Aufhebung des Klosters mussten die Bauern die hohen Kosten der Rebanlagen selbst tragen, zudem nutzten die Weinhändler die Uneinigkeit der Winzer, um immer neue Tiefstpreise zu erpressen. Deshalb war es Pfarrer Hansjakob wichtig, zum einen den sauren Wein der Hagnauer zu einem guten Wein, zum anderen die Winzer aus der Abhängigkeit zu bringen. Denn, so steht es schon in Psalm 104 in der Bibel: „Der Wein erfreut des Menschen Herz." So fühlte sich Heinrich Hansjakob nicht nur für das Seelenheil der Hagnauer zuständig, er gründete 1881 auch die Winzergenossenschaft Hagnau, die damit die älteste in Baden ist. Und er sorgte dafür, dass das Wissen in dieser Genossenschaft gesammelt und weitergegeben wurde. So ist das bis zum heutigen Tag. „Ohne die Genossenschaft wären wir nie dort, wo wir heute sind", sagt Karl Megerle, der Vorsitzende, „und ohne den See auch nicht. Denn der Bodensee verwöhnt bei uns den Wein."

Den gibt es am Bodensee aber nicht nur in Hagnau,

den gibt es gleichermaßen in Meersburg und in anderen Lagen, etwa auf der Klosterinsel Reichenau. Denn hier, an der Teilung des Sees in den Überlinger- und den Untersee, erreichen die guten Lagen eine Sonnenscheindauer von bis zu 1.300 Stunden – perfekt für den Wein. Dazu geben eiszeitliche Verwitterungsböden, Moränenschotter auf Süßwassermolasse, wie man sie sonst kaum findet, den Weinen eine ganz besondere Note und außerordentliche Fruchtigkeit. Die wesentlichen Rebsorten des Bodensees sind der Müller-Thurgau und der Blaue Spätburgunder, die in etwa gleicher Menge angebaut werden. Der Graue Burgunder (auch Ruländer genannt) und der Weißburgunder spielen eine kleinere Rolle. Und wo bleibt der bekannte Weißherbst, wird mancher Besucher des Bodensees fragen? Der Weißherbst wird aus der roten Traube von nur einer Sorte, meist aus Blauem Spätburgunder, gekeltert und bleibt so lange auf der Schale liegen, bis er die Rosé-Farbe hat.

Den Wein soll man, so hieß es am Anfang, auf dem Boden trinken, wo er gedeiht. Hier am Bodensee, um Hagnau und Meersburg, sollte man noch etwas tun. Man
Natur 15 sollte einmal durch den **Weinwanderweg** von Hagnau nach Meersburg quer durch die Rebhänge, immer auf einem Hochweg über dem Bodensee mit atemberaubenden Ausblicken, gehen. Allein diese Wanderung erzählt einem mehr über den Wein als alle Bücher. Vor allem, wenn man anschließend in einer der gemütlichen Schenken in Meersburg einen Schoppen vom Hagnauer oder Meersburger genießt und all das, was man gelernt hat, überprüft.

Kressesüppchen Müller-Thurgau

Der Name der Weinsorte Müller-Thurgau leitet sich vom Thurgauer Hermann Müller ab, der diese Kreuzung erstmals züchtete. (Siehe Seite 42.) Diese leichte, wohlschmeckende Suppe ist ein typisches Thurgauer Rezept, das dem wunderbaren Büchlein „Thurgau und Seerücken – Die Region“ entnommen ist.

* 1 Schalotte, fein gehackt
* Butter zum Andünsten
* 150 g Kartoffeln, geschält, in Würfel geschnitten
* 1 Lorbeerblatt
* 150 ml Weißwein (Müller-Thurgau, in der Schweiz: Riesling x Silvaner)
* 600 ml Gemüsebouillon
* 150 g Kresse
* 150 g Crème fraîche
* Salz, Pfeffer

***

Die Schalotte in der Butter andünsten, Kartoffeln und Lorbeerblatt beigeben. Mit dem Wein ablöschen, aufkochen und Bouillon beigeben. Eine halbe Stunde kochen lassen. Danach das Lorbeerblatt entfernen und nochmals aufkochen. Die Suppe absieben. Kartoffeln und Kresse mit der Crème fraîche pürieren, zwei Kellen Suppenflüssigkeit dazugeben. Zurück in die Pfanne gießen und erhitzen, nicht mehr kochen. Mit Salz und Pfeffer abschmecken.

Wohin man schaut – alles Käse

Der Ausblick von Eichenberg ist umwerfend. Direkt unter mir die Bregenzer Bucht. Westlich der Vortrieb des Rheins in den See, nordöstlich die Freistadt Lindau, von hier wunderbar als Insel zu erkennen. Und das ist die Möglichkeit darauf hinzuweisen, dass es im Bodensee nicht nur die drei bekannten Inseln Lindau, Mainau und Reichenau gibt, sondern noch fünf weitere, fast unbekannte: Zwei vor Lindau, die kleine Hoy und die Galgeninsel, bei Radolfzell die Liebesinsel, bei Konstanz die Dominikanerinsel mit dem heutigen Inselhotel, schließlich die Insel Werd bei Stein am Rhein mit dem Franziskanerkloster.

Ich stehe an der Ortseinfahrt von Eichenberg, einem kleinen Ort am Pfänderrücken, und da ist neben dem Hotel „Schönblick“ (hier stimmt der Name tatsächlich) ein kleiner Grashügel mit einer Bank. Der Blick ist von berückender Schönheit. Kein Wunder, dass man an diesem begnadeten Platz nur selten allein ist.

Nicht weit von hier, auch in Eichenberg, aber etwas außerhalb, in der Sennerei Jungholz-Hinteregg, arbeitet Michaela Bertl. Seit dem Jahr 2005 ist sie für die Käseproduktion der Genossenschaft, in der zwölf Bauern zusammengeschlossen sind, verantwortlich. Ursprünglich kommt Michaela Bertl aus Deutschland, aus Oberbayern, genau: aus Böbing. Wie das mit dem Käse geht, das hat sie bei einem der großen Käsehersteller, bei Hochland, in einer dreijährigen Ausbildung zur Molkereifachfrau gelernt. Damals war sie die erste Frau in Bayern, die eine solche Lehre abschloss. Ein Urlaub brachte sie zu einem Besuch auf den Pfänderrücken, zu einem Bekannten in der Sennerei Jungholz-Hinteregg. Manchmal half sie dort auch aus. Als ihr Bekannter wegging, fragten die Bauern Michaela Bertl, ob sie nicht Sennerin in Eichenberg werden wollte. Und das will schon etwas heißen, wenn gestandene österreichische Bauern, noch dazu in Vorarlberg, im Herzen der Käseproduktion, eine deutsche Frau als Sennerin holen. Beide haben es nicht bereut. „Wenn es mir nicht gefallen würde, dann wäre ich nicht mehr hier", meint Michaela. 850.000 Liter Milch werden im Jahr angeliefert, daraus werden 85.000 Kilo Käse verarbeitet, zwei Drittel zum berühmten Vorarlberger Bergkäse, ein Drittel zu Emmentaler. 365 Tage hat das Jahr, 335 Tage davon arbeitet Michaela Bertl, 30 Tage hat sie Urlaub. „Das ist normal für Käser. Die Milch ist da, man muss sie verarbeiten." Und so steht sie das ganze Jahr in der Sennerei, sieben Tage die Woche. Sie kommt so auf 222 Stunden jeden Monat – eine Zahl, die sich andere nicht vorstellen möchten. „Ich bin nichts anderes gewohnt", meint sie und macht dabei nicht den Eindruck, dass sie unglücklich wäre.

Michaela Bertl ist nicht allein mit ihrer Vorliebe für Käse. Über den Pfänderrücken führt der **Josef-Rupp-Käse-Wanderweg** mit Käse-Lehrpfad. Ein Familienweg, auf dem man Rastpunkte und Hofläden findet. Über die Gemeinden Lochau, Eichenberg und Möggers wandert

16 Kulinarik

man acht Kilometer durch eine alte Kulturlandschaft. Überall sind bäuerliche Betriebe zu sehen, die traditionell von Familien bewirtschaftet werden, immer wieder gibt es großartige Ausblicke auf den Bodensee und in den Bregenzerwald. Dort ist auch die berühmte Käsestraße, die sich durch die meisten Dörfer des Tales zieht.

In einem Merian-Heft las ich einmal, dass der Bregenzerwald für den Käsekenner das sei, was das Bordeaux für den Weinliebhaber sei. Tatsächlich: Gleich hinter den ersten Bergen, die sich am Bodensee erheben, beginnt der Bregenzerwald und damit die Käsestraße. Käse hat dort seit langem Tradition, wie man schon bei Franz Michael Felder (1839–1869) nachlesen kann. Felder war nicht nur Bauer und Dichter in Schoppernau, sondern auch ein sozialer Kopf. Er versuchte, den von großen Käsehändlern ausgebeuteten Bauern mit einer eigenen Käsereigenossenschaft bessere Bedingungen zu bieten und er verarbeitete solche Bestrebungen in seinen Romanen. Auch die Käsestraße geht auf einen Zusammenschluss zurück: Über 160 Bauern und Alpen, Senner und Käsemacher, Gasthäuser, Museen, Bahnen und Handwerksbetriebe haben sich zusammengetan, um den Käse besser zu präsentieren. Die Besonderheit des Bregenzerwaldes ist die Drei-Stufen-Landwirtschaft – der Bauer zieht im Juni vom Hof aufs Vorsäß, von dort im Juli auf die Alpe – und im Herbst wieder zurück. Mit dieser Art der Bewirtschaftung hat es der Bregenzerwald im März 2011 auf die Liste des Immateriellen Kulturerbes der UNESCO geschafft. Und mit dem großartigen Alp- und Bergkäse hat man den Sprung auf den Käse-Olymp genommen.

Käse ist nicht nur am österreichischen Bodensee ein Thema, Käseverarbeitung gibt es in gleichem Maß auf der deutschen und auf der Schweizer Seite. Die „Westallgäuer

Käsestraße“ erstreckt sich über 150 Kilometer. Von Lindau aus zieht sich der Kreis nördlich des Bodensees über Ravensburg, Wangen, Isny und Immenstadt. Und auch hier kann man Sennereien besichtigen, Käse kaufen oder sogar selbst sennen. In Oberstaufen wurde von der „Westallgäuer Käsestraße“ eine Schaukäserei eingerichtet, in der die Besucher bei der Käseherstellung dabei sind und ihren eigenen Käse produzieren können. Die Wiege des Käses aber steht in der Schweiz, zwar nicht direkt am Bodensee, aber in der Nähe, im Appenzell. Dorthin gingen vor Jahrhunderten Bauern aus Vorarlberg und dem Allgäu, um die Herstellung von Käse zu erlernen. Seit langem können sie es schon so gut, dass sie zu Konkurrenten geworden sind. So meinen manche Kenner, dass der Vorarlberger Bergkäse (ein Alpkäse mit einer Reifezeit zwischen sechs und zwölf Monaten) unerreicht sei, der Appenzeller aber immer noch am Ursprung am besten schmecke. Inzwischen gibt es im Thurgau auch sogenannten Bodenseekäse, darunter der bekannte „Alte Schweizer“, ein Käse, der tatsächlich aus dem Bodenseegebiet stammt und mindestens neun Monate gereift sein muss.

Am Bodensee könnte man fast sagen: Wohin man schaut – alles Käse. Oder auch: alles Käsespätzle, Chäschnöpfli oder Käsknöpfle. Das sind die drei Leibspeisen der Menschen um den Bodensee – aber eigentlich ist es nur eine. Denn es sind nur relativ kleine Änderungen in der Rezeptur, die sie unterscheiden. Auf den Käse kommt es an! Auf der deutschen Seite des Sees nimmt man Emmentaler, in der Schweiz Reibkäse, meist auch Emmentaler, in Vorarlberg werden in den Knöpfle drei Käsesorten vermischt.

Käsespätzle, Chäschnöpfli und Käsknöpfle

In allen drei Anrainerstaaten des Bodensees glaubt die jeweilige Bevölkerung, dass erstens diese Speise bei ihnen erfunden wurde und zweitens, dass ihre Variante die beste sei. Am einfachsten versucht man alle drei (eigentlich vier) Möglichkeiten, denn so unterschiedlich sind sie ja nicht – zumindest in der Zubereitung. Allerdings schmecken sie tatsächlich anders. Aber egal, welches Rezept man bevorzugt, in jedem Fall ist es sinnvoll, am Ende einen Schnaps anzubieten. Denn die Spätzle, Chnöpfli oder Knöpfle verleiten hier wie dort zum Verspeisen größerer Mengen. Auch die Beilagen variieren: Üblicherweise wird Kartoffelsalat oder grüner Salat serviert. Am feinsten sind die Spätzle, Chnöpfli oder Knöpfle aber – so meine ich – mit Apfelmus. Die Mengen gelten jeweils für vier Personen.

Chäschnöpfli (Schweiz)

* 600 g Chnöpflimehl
* 6 Eier
* Salz
* Wasser
* 200 g Reibkäse
* 2 Zwiebeln
* Butter

Das Chnöpflimehl (Mischung aus Weizenmehl und Hartweizendunst, die man in der Schweiz überall bekommt) mit Eiern, Salz und ein wenig Wasser (nach und nach zugeben) zu einem Teig rühren. Der Teig soll „schlampig“ sein, die Konsistenz zähflüssig. Den Teig etwa 30 Minuten ruhen lassen, damit das Mehl quellen kann. Inzwischen die Zwiebeln in Ringe schneiden und den Käse reiben. Dann den Teig durch ein Chnöpflisieb in kochendes Salzwasser drücken, aufkochen lassen und abschöpfen. Immer eine Lage Chnöpfli, eine Lage Käse. Am Schluss die in genügend Butter gerösteten Zwiebeln über die fertigen Chnöpfli geben.

Variante: Sure Chäschnöpfli aus dem Rheintal mit Bärlauch.
Beim Teig dieselbe Vorgangsweise, nur statt Wasser Milch verwenden, die mit den klein geschnitteten Bärlauchblättern und den Eiern gemixt wird. Als Käse wird eine Mischung von Sauerkäse (eine Rheintaler Spezialität) und Bergkäse (zwei Drittel zu ein Drittel) verwendet.

Käsespätzle (Deutschland)

* 400 g Mehl
* 4 Eier
* Milch (oder besser Wasser), Salz
* 250 g Emmentaler
* 2–3 Zwiebeln
* 100 g Butter

Mehl, Eier, Milch (Wasser) und Salz zu einem zähflüssigen Teig schlagen. Würzen. Zwiebeln in dünne Ringe schneiden, Käse reiben. 2–3 Liter Wasser erhitzen, daneben Zwiebelringe langsam knusprig braun braten. Eine erste Portion Spätzle ins kochende Salzwasser schaben. Wenn die Spätzle oben schwimmen, sind sie fertig und werden in eine vorgewärmte Schüssel gegeben. Dann ein Drittel des geriebenen Käses darüberstreuen und den Vorgang wiederholen. Am Schluss die Zwiebelringe mit der zerlassenen Butter auf die Spätzle legen.

Käsknöpfle (Vorarlberg)

* 400 g Spätzlemehl
* 4 Eier
* Wasser, Salz, Muskatnuss
* 300 g Käsemischung (kann auch mehr sein):
  1 Drittel Bergkäse
  1 Drittel Emmentaler
  1 Drittel Räßkäse
* 3 Zwiebeln
* Butter

Mehl mit Salz und Muskatnuss würzen, Eier dazugeben und zu einem zähen, „schlampigen" Teig rühren. Zwiebeln schälen, zu feinen Ringen schneiden, in Öl goldbraun braten und auf Küchenpapier abtropfen lassen. Den Teig mit dem Spätzler (wichtig: kleine Löcher!) in kochendes Salzwasser reiben und aufkochen lassen. Wenn die Spätzle oben schwimmen, herausnehmen und eine erste Lage in eine vorgewärmte Schüssel geben. Dann eine Schicht Käse darüberstreuen und die Abfolge wiederholen. Mit einer Schicht Spätzle abschließen und noch zwei Schöpfer Spätzlewasser darüberschütten, damit die Spätzle saftig bleiben. Zum Abschluss die Zwiebeln auf die Spätzle legen.

„Wir brauchen nicht den Ozean …“

Die „Weiße Flotte“ vom Bodensee

Es war in der Nacht zum 26. April 1945, als ein sonderbarer Schiffskonvoi aus den Häfen von Lindau und Bregenz auslief. Die Schiffe verdunkelt, ohne Positionslichter, mit einer weißen Flagge am Heck, zum Teil in Schleppzügen fahrend. Als die Schiffe vor Lindau schon auf See waren, fielen Schüsse vom Ufer auf den dunklen Zug. SS-Truppen schossen ohne Erfolg, die Schiffe waren schon zu weit auf dem See. Fünf Raddampfer waren dabei, vier Motorschiffe und zwei Motorboote. Um etwa drei Uhr früh lief diese Geisterflotte in die Häfen von Romanshorn, Arbon, Rorschach und Staad ein, in jene Schweizer Häfen also, die vom Krieg verschont waren. Diese im wahren Sinn des Wortes Nacht- und Nebelaktion rettete die Schiffe der „Weißen Flotte“ in Deutschland und Österreich, die gegen Ende des Zweiten Weltkrieges immer mehr gefährdet waren. Als nämlich die französischen Truppen näher an den Bodensee rückten, fasste die Lindauer Kreisleitung den Beschluss, alle in Lindau und Bregenz vor Anker liegenden Schiffe zu zerstören. Ein weitblickender Dezernent bei der Deutschen Reichsbahn, Alfred

Otter, und ein vernünftiger Kollege bei den Schweizer Bundesbahnen, Fritz Hess, führten schon Ende 1944 Vorgespräche über die Rettung der Schiffe. Nach erheblichen Schwierigkeiten kam es dann im April 1945, wenige Tage vor Ende des Zweiten Weltkriegs, zur spektakulären Rettungsaktion, wodurch die Schiffe der angekündigten Zerstörungswut der SS entzogen wurden. Es war eine der wichtigsten Solidaraktionen über den Bodensee, denn natürlich waren nicht nur die Verhandler an der „Entführung" der Schiffe beteiligt, da mussten auch die Mannschaften für die einzelnen Schiffe zusammengetrommelt, da mussten nicht fahrbereite Schiffe ins Schlepptau genommen werden. Es war eine großartige Aktion beherzter Männer, die ermöglichte, dass die Schiffe der deutschen und österreichischen „Weißen Flotte" schon am 17. Mai 1945 wieder ans deutsche Ufer, nach Friedrichshafen, überstellt werden konnten und damit auch nach dem Zweiten Weltkrieg zur Verfügung standen.

Die „Weiße Flotte" hat nichts von ihrer Attraktivität eingebüßt und ist heute eine der wichtigen Stützen des Tourismus am See. Zudem ist sie schlicht öffentliches Verkehrsmittel über den See, das weite Autowege verkürzt. Das gilt vor allem für die Fähren zwischen Meersburg und Konstanz sowie Friedrichshafen und Romanshorn. Am Beispiel von Meersburg–Konstanz sei die Nutzung der Schiffe gezeigt: Insgesamt sieben Fähren queren den See jährlich etwa 60.000 Mal, sie befördern dabei 4,3 Millionen Passagiere und 1,4 Millionen Pkw, eine halbe Million Zweiräder und 90.000 Lkw. Zum 80-Jahr-Jubiläum wurde von den Stadtwerken Konstanz eine Statistik veröffentlicht, nach der in dieser Zeit durch die Autofähren etwa vier Milliarden Autokilometer eingespart worden seien.

Im Gegensatz zum Fährverkehr haben die Motorschiffe der „Weißen Flotte“ mehr touristischen Nutzen. Gibt es doch tatsächlich kaum etwas Erholsameres, als an einem schönen Sommertag auf einem weißen Schiff über den blauen Bodensee zu fahren. Deshalb wird die Eröffnung der Saison jedes Jahr mit einer großen Sternfahrt gefeiert, an der sich Schiffe aus allen drei Anrainerstaaten beteiligen. Im Kreis stellen sich die Schiffe – Bug an Bug – vor jährlich einem anderen Hafen auf, von allen Schiffen erklingt Musik, meist „Die Fischerin vom Bodensee“. Es ist das einzige Lied, das am ganzen See gesungen wurde. Der Tiroler Franz Winkler komponierte es im Jahr 1948 auf dem Haggen, einem Ort auf dem Pfänderrücken, hoch über Bregenz und dem Bodensee.

Von Bregenz bis Konstanz laufen die Schiffe jeden Hafen an, zwölf Häfen sind es von Konstanz nach Bregenz und fast vier Stunden Fahrzeit. Aber ein guter Tag geht sich damit aus. In der Früh von Konstanz oder Bregenz weg, dann vier Stunden auf See, etwa vier Stunden Aufenthalt auf der anderen Seite, dann wieder vier Stunden zurück. Ausreichend Zeit für ein Museum oder einen Stadtbummel am anderen Ende des Sees.

Etwa 35 Motorschiffe verkehren auf dem See, zugehörig zu den insgesamt fünf deutschen, schweizerischen
Geschichte 17 und österreichischen Unternehmen, den **Vereinigten Schifffahrtsunternehmen für den Bodensee und Rhein**. Früher waren in allen drei Ländern die Bundesbahnen die Betreiber, aber die Privatisierung machte auch vor den Motorschiffen nicht halt. Das führte vor allem in Lindau zu erheblichen politischen Auseinandersetzungen. Denn im Jahre 2003 kauften die Konstanzer Stadtwerke von der Deutschen Bahn zum Okkasionspreis von 12,5 Millionen Euro 12 Bodenseehäfen, darunter auch Lindau mit dem

Bayerischen Löwen. Und der stand nun plötzlich auf baden-württembergischem Grund. Ein Skandal – und in der Folge ein jahrelanger politischer Streit. Erst 2009 konnten sich Konstanz und Lindau einigen: Der Hafen ging in den Besitz von Lindau über, die Konstanzer bekamen das Nutzungsrecht für die Schiffe. Damit war Lindau nach 197 Jahren erstmals Eigentümerin des Hafens. Dieser war im Jahre 1812 gebaut worden, wozu die Steine für die Hafenmauer unter anderem aus Bregenz kamen. Dort hatte man nämlich das Kloster Mehrerau säkularisiert und zum Teil zerstört, die Mauerreste wurden nach Lindau gebracht. Damals gehörte der Hafen der Bayerischen Eisenbahngesellschaft, später der Deutschen Reichsbahn, dann der Deutschen Bundesbahn und schließlich der Deutschen Bahn. Nun ist der Hafen also endgültig in Bayern angekommen und der Löwe wieder heimisch. Die Deutsche Bahn bleibt aber weiterhin am Hafen. Am 11. Dezember 2011 haben die Lindauer in einer Volksabstimmung entschieden, dass der alte Hafenbahnhof erhalten bleiben und die Züge weiterhin auf die Insel fahren sollen. Außerhalb der Stadt, auf dem Festland in Lindau-Reutin, soll ein neuer Bahnhof für die Schnellverbindungen gebaut werden, der altehrwürdige Bahnhof am Hafen bleibt der lokale Zubringer.

Die Schifffahrts-Unternehmen arbeiten natürlich über die Grenzen zusammen und führen gemeinsame Kurse. Es gibt auch personelle Zusammenschlüsse, etwa die Internationale Vereinigung der Bodensee-Kapitäne, auf die man am See durchaus stolz ist. Dem Verband gehören heute noch praktisch alle Kapitäne an. Zur 75-Jahr-Feier des Vereins gaben die Kapitäne auch ein eigenes Lied in Auftrag: „Wir brauchen nicht den Ozean, wir brauchen nicht das Meer ..." Man hört schon: Es genügt ihnen der Bodensee.

Als Kapitän wird man aber nicht geboren, das Patent muss man sich erarbeiten. Hans Wüstner steht auf der Brücke der „Austria“ und erläutert die Stationen auf dem Werdegang zum Kapitän: Matrose, Kassier, Steuermann, Maschinist, Schiffsführer. Voraussetzung ist ein abgeschlossener Beruf, ideal eine technische oder elektronische Ausbildung. Und man braucht Lehrjahre, man muss alles kennenlernen, was zum See gehört. „Nicht zuletzt das Wetter“, meint Kapitän Wüstner. „Der See ist föhnsturmanfällig – innerhalb von Minuten. Ich habe solche Stürme erlebt, einmal mit 11 Beaufort, das sind mehr als 100 Stundenkilometer, und da war es unmöglich, in den Hafen von Lindau einzulaufen. Wir mussten auf See bleiben – dort ist es bei solchem Sturm am sichersten.“ Man muss verschiedenste Wetterphänomene lernen, den Unterschied etwa zwischen Bregenz und Meersburg. Bei Schlechtwetter fährt das Schiff von Bregenz ab, direkt in den Sonnenschein – und umgekehrt. Der Norden ist gegenüber dem Süden bevorzugt. Das zeigt sich auch darin, dass Bregenz etwa die doppelte Jahresniederschlagsmenge von Meersburg hat. Kein Wunder also, dass der Wein mehr an den Sonnenhalden von Meersburg, Hagnau, Konstanz und der Reichenau wächst als am Obersee. Aber das mit dem Wein, das geht für die Kapitäne natürlich nur außer Dienst. „Auf der Brücke gilt strengstes Alkoholverbot. Aber ich komme auch privat an den See, da sitze ich gerne in Meersburg bei einem Spätburgunder oder Müller-Thurgau“, sagt Kapitän Hans Wüstner. Er ist stolz, dass er mit der „Austria“ fährt. Denn sie gilt als schnellstes Schiff auf dem Bodensee.

Früher war man noch regelrechte Rennen mit den großen Schiffen gefahren, dem Sieger winkte das „Blaue Band“. Bereits im September 1950 erfolgte der Start zur ersten Wettfahrt zwischen Lindau und dem Gebiet der Rheinmündung. Klarer Sieger: die „Austria". Die letzte Wettfahrt gab es 1954, die „Stadt Überlingen" gewann bei Abwesenheit der „Austria", dann war Schluss mit den Rennen. Bis es vor Kurzem zu einem mehr auf Geschicklichkeit als auf Schnelligkeit aufgebauten Doppel-Wettbewerb kam. Gemeinsam konnten die „Austria" und die „Vorarlberg" das damit letzte „Blaue Band" ans österreichische Ufer holen.

Bei der ersten Fahrt ums „Blaue Band" galt ein Schiff als mögliche Konkurrenz der „Austria": der Friedrichshafener Raddampfer „Hohentwiel". Doch es wurde kein knappes Rennen: Die „Hohentwiel" kam zwar als zweites Schiff, aber doch deutlich abgeschlagen ins Ziel. Bereits im Jahr 1913 war die „Hohentwiel" als siebtes Dampfschiff der Königlich Württembergischen Staatsbahnen vom Stapel gelaufen. Namenspatron war der 686 Meter hohe Berg Hohentwiel in der Nähe des Untersees, der Hausberg der Stadt Singen. Die „Hohentwiel" war ein prominentes Schiff, ein sogenannter Halbsalondampfer, auf dem der württembergische König Besuch empfing und Graf Zeppelin seinen Geburtstag feierte. Nach dem Zweiten Weltkrieg fuhr das Schiff noch bis zum technischen Aus 1962 Kursverkehr. Über lange Zeit diente es im Hafen des Bregenzer Segelklubs als Restaurant. 1984 wurde die „Hohentwiel" vom Verein „Internationales Bodenseeschifffahrtsmuseum" erworben und von Grund auf restauriert. Heute gilt die „Hohentwiel" als das schönste Schiff am Bodensee und eine Fahrt auf dem historischen Dampfer gehört zu den eindrucksvollsten Erlebnissen auf dem See. Einmal abgesehen davon, dass mit der Bordgastronomie von Heino Huber auch die kulinarische Seite stimmt.

Um ein „Blaues Band“ geht es auch bei der größten Segelregatta am Bodensee, der sogenannten „Rundum“. Der Name sagt es schon, das Rennen geht fast um den ganzen See. Start ist in Lindau, von dort Richtung Überlingen, dann an Konstanz vorbei zurück nach Lindau. Im Jahre 2011 wurde die Regatta zum 61. Mal ausgetragen, 348 Boote nahmen daran teil. Und der Kampf um das „Blaue Band“ wurde zum Symbol für den See: Je ein Schiff aus der Schweiz, aus Deutschland und aus Österreich kämpfte um den Sieg. Glücklichster war Albert Schiess aus der Schweiz, der 6 Stunden und 41 Minuten benötigte, es folgten Fritz Trippolt aus Österreich und Markus Ficht aus Deutschland. Die „Rundum“ ist zwar die größte, die aufwendigste, die bekannteste Regatta am Bodensee, aber beileibe nicht die einzige. Um die 100 kleine und größere Regatten wurden 2011 gefahren, kaum ein Wochenende zwischen April und Oktober, an dem keine Rennen stattfinden. Insgesamt sind auf dem Bodensee mehr als 20.000 Segelboote und 15.000 Motorboote zugelassen. Im Sommer, wenn manche Gäste ihre Boote mitbringen, sind es etwas mehr. Wobei auch Touristen, wenn sie mit ihrem Boot über den See wollen, das Bodenseeschifferpatent haben müssen.

Noch eine Besonderheit: Die Verbindungen mit Motorschiffen zwischen dem deutschen und österreichischen Ufer funktionieren hervorragend, ebenso die Verbindungen zwischen deutschen und schweizerischen Häfen. Es gibt allerdings kein Schiff aus der Schweiz, das den Hafen von Bregenz anläuft, ebenso kein Schiff, das einen Kurs von Österreich in die Schweiz fährt. Wenn man von Bregenz in die Schweiz will, dann muss man zuerst nach Lindau oder Friedrichshafen, dort kann man umsteigen und Rorschach oder Romanshorn erreichen. Und umgekehrt. Niemand konnte mir erklären, warum das so ist.

Eglifilets in Bierteig

Das Rezept stammt vom Vorarlberger Starkoch Heino Huber, der schon als Koch des Jahres und mit drei Hauben von Gault-Millau ausgezeichnet wurde. Huber betreibt in der Bregenzer Altstadt das historische Gourmethotel und Restaurant „Deuringschlössle", ebenso das Traditionsgasthaus „Maurachbund" im Stadtzentrum, und er ist für die Bordgastronomie auf dem historischen Schaufelraddampfer „Hohentwiel" zuständig. Seine Vorliebe: Bodenseefische. Das Rezept ist seinem Buch „Der kleine Huber" entnommen.

Bierteig
* 150 g Mehl
* 2 Eier
* 150–200 ml Bier
* Salz

Eglifilets
* 36 Eglifilets
* Salz, Pfeffer, wenig Cayennepfeffer
* Mehl zum Wenden
* Butterschmalz
* Zitronenspalten zum Garnieren

***

Mehl, Eier, Bier und Salz zu einem glatten Teig vermengen, dann eine halbe Stunde ruhen lassen. Unter Umständen nach dem Rasten noch etwas verdünnen. Dazwischen Eglifilets waschen, abtupfen und entgräten. Beidseitig leicht salzen, pfeffern, mit wenig Zitronensaft beträufeln, in Mehl wenden und gut abklopfen.

In einer großen Pfanne genug Butterschmalz erhitzen. Die Eglifilets durch den Bierteig ziehen und wie Schnitzel beidseitig goldbraun backen. Die fertigen Filets auf Küchenpapier abtropfen lassen, mit Zitronenspalten garnieren und auftragen.
Als ideale Beilage Petersilienkartoffeln und Sauce Tartar servieren.

„Medinat bodase“

Jüdisches Leben am Bodensee

Unter „medinat bodase“ verstanden die Juden die Zusammenfassung aller Gemeinden um den Bodensee. Zentraler Ort war Überlingen. Die umfassendste Darstellung der jüdischen Geschichte dieser Region liefert Karl Heinz Burmeister in seinem dreibändigen Werk „medinat bodase“. Während der drei großen Pogrome – dem „Judenbrand“ 1348/49 im Gefolge der Pest, der Verbrennung und Vertreibung in den Jahren zwischen 1429 und 1448 sowie dem Holocaust im 20. Jahrhundert – wurden die jüdischen Mitbürger ihres Vermögens beraubt, ermordet oder vertrieben, ihre Synagogen, Bäder und Friedhöfe zerstört, ihre Bibliotheken und Archive verbrannt.

Die jüdische Gemeinde von Überlingen wurde erstmals 1226 genannt. Im Jahre 1332 kam es in der Stadt wegen eines angeblichen Ritualmordes zu einem Pogrom, bei dem zwischen 300 und 400 Juden in die Synagoge getrieben und diese dann angezündet wurde. Alle Juden verbrannten. 1430 wurden die Juden ausgewiesen, seitdem kam es in Überlingen zu keiner Neubegründung der jüdischen Gemeinde mehr. Aus diesem Grund gab es auch während der Zeit des Nationalsozialismus keine Deportationen, ungeachtet dessen aber einzelne Verfolgungen. Daran gemahnen die sogenannten „Stolpersteine", die es auch in vielen anderen deutschen Städten gibt. Ein solcher „Stolperstein" erinnert an den ehemaligen Landrat Hermann Levinger und dessen Tochter Barbara, die sich kurz vor ihrer Deportation im Dezember 1944 das Leben genommen hatten. Ein anderer soll auf Franz Klauser aufmerksam machen, der wegen Homosexualität verhaftet und 1944 im KZ ermordet wurde.

Eine relativ starke jüdische Gemeinde hatte der kleine Ort Wangen am Untersee, der beispielhaft angeführt sei. Im Jahre 1927 feierte man in Wangen das 100-Jahr-Jubiläum der Synagoge, wozu in der Zeitschrift „Der Israelit" (eine deutsche jüdisch-orthodoxe Wochenzeitschrift, die von 1860 bis 1938 erschien und 2010 wiederbegründet wurde) zu lesen war: „Wo einst eine mehr als fünfzig Familien umfassende stattliche Gemeinde war, sind heute noch zwölf Haushaltungen mit nur 25 Seelen. Wer das geschaut hat, der wird andere darüber aufklären können, dass der Niedergang des Judentums auf dem Lande einen Verlust bedeutet, für den es einen Ersatz schlechtweg nicht gibt." 1933 lebten noch 20 jüdische Personen in Wangen, gerade einmal gut drei Prozent der Bevölkerung. Ein Teil von ihnen zog aufgrund von Repressalien weg oder wanderte aus, 1938 wurde die Synagoge zerstört und der jüdische Friedhof verwüstet. Die letzten sieben jüdischen Einwohner wurden im Oktober 1940 in das KZ Gurs in Südfrankreich deportiert.

Der jüdische Schriftsteller Jacob Picard wurde 1883 als Sohn eines Kaufmanns in Wangen geboren, er starb 1967 in Konstanz. Er war der einzige überregional bedeutende Dichter, der auf der Halbinsel Höri geboren wurde. Vor

Kultur 18 einiger Zeit hat sich im Rahmen des **„Forum Allmende für Literatur“** ein eigener Freundeskreis gebildet, der „das Ziel hat, das Andenken dieses großen Dichters und die Kenntnis seines Werkes zu befördern“. Jacob Picard gilt als der Dichter des deutschen Landjudentums, seine Novellen „zeigen uns die Juden seines Dorfes als aufrechtes Volk, das am Glauben der Väter hängt, selbstbewusst ist und das Ghetto nicht kennt“ (Manfred Bosch).

Ein besonderer Platz für die Geschichte des Judentums Geschichte 19 in der Bodenseeregion ist das **Jüdische Museum** in **Hohenems** in Vorarlberg. 1617 legte ein Schutzbrief des Reichsgrafen Kaspar von Hohenems die rechtliche Grundlage für die Ansiedelung von jüdischen Familien und den Aufbau einer jüdischen Gemeinde. Der Reichsgraf erhoffte sich dadurch wirtschaftliche Impulse für seinen Markt. Das Museum „erinnert an die landjüdische Gemeinde Hohenems und deren vielfältige Beiträge zur Entwicklung Vorarlbergs und der umliegenden Regionen. Es beschäftigt sich mit Jüdischer Gegenwart in Europa, mit Diaspora und Migration. Dazwischen steht das Ende der Jüdischen Gemeinde von Hohenems, markiert durch die regionale NS-Geschichte, Vertreibung und Deportation, Antisemitismus und Holocaust“, so heißt es in der Eigendefinition des Museums, dessen Ausstrahlung weit in den Bodenseeraum und darüber hinaus reicht. Zwei Personen aus der jüdischen Geschichte von Hohenems seien erwähnt: 1905 legte der Hohenemser Rabbiner Aron Tänzer mit seiner umfangreichen „Geschichte der Juden in Hohenems“ die Basis für eine Erforschung dieser Geschichte. Der bekannteste Hohenemser Jude war der Kantor Salomon Sulzer (1804 Hohenems – 1890 Wien), dessen Stimme unter anderem von Franz Schubert gerühmt wurde, weshalb er von Hohenems an den Wiener Stadttempel berufen wurde. Bedeutung erlangte er dort als wegweisender Reformator des Synagogengesangs wie auch als Komponist weltlicher Lieder. Die ehemalige Synagoge von Hohenems, die nach dem Zweiten Weltkrieg jahrzehntelang als Feuerwehrhaus missbräuchlich verwendet wurde, wurde 2005 als Veranstaltungssaal renoviert und trägt nun den Namen Salomon Sulzers.

Der Nationalsozialismus brachte am Bodensee nicht nur für die Juden Verfolgung und Tod. In besonders schrecklicher Erinnerung ist der **„Überlinger Stollen“**. Nachdem die Rüstungsindustrie in Friedrichshafen ab 1942 immer mehr durch Luftangriffe gefährdet war, versuchte das NS-Regime vorerst, die Produktion ins Umfeld – bis hin nach Vorarlberg – zu verlagern. Um die Sicherheit für die Produktion zu erhöhen, wurde ab 1944 der Goldbacher Stollen bei Überlingen angelegt. Dorthin sollte die militärische Produktion der Maybach-Motorenbauwerke, der Zahnradfabrik Friedrichshafen und der Dornier-Werke verlagert werden und unter Tag ungestört weiterlaufen. Ausgesprengt und ausgegraben musste der Stollen von Häftlingen des KZ Dachau werden, die im Außenlager Aufkirch, einen guten Kilometer vom Stollen entfernt, gefangen gehalten wurden. In Aufkirch waren durchschnittlich 700 Häftlinge untergebracht, mindestens 170 Häftlinge wurden von der SS ermordet oder sie starben an den Lebens- und Arbeitsbedingungen im Stollen, in dem es keine sicherheitstechnischen Einrichtungen gab. Am 29. April 1945 wurden die Überlebenden des Lagers Aufkirch auf dem Weg nach Dachau, wohin sie transportiert werden sollten, in Allach von den Amerikanern befreit. Die Toten des „Überlinger Stollens“ wurden im April 1946 exhumiert und auf einem eigenen KZ-Friedhof an einem der schönsten Plätze am Bodensee begraben: Hoch über dem See, etwa 500 Meter neben der Wallfahrtskirche Birnau.

20 Geschichte

Riebel (auch Stopfer)

Nach dem Zweiten Weltkrieg war der Riebel, der – weil man ihn immer wieder zerstoßen, zerkleinern soll – auch Stopfer genannt wird, in Vorarlberg weit verbreitet. Allerdings galt er als Arme-Leute-Essen und war deshalb bis vor Kurzem fast in Vergessenheit. Heute ist es aber wieder schick, zu besonderen Anlässen Riebel als Spezialität, oft als Nachspeise in kleinen Portionen, zu servieren. Riebel-Mischungen werden auch wieder in den Gemischtwarenläden angeboten.

* Butterschmalz
* 4 Tassen Maisgrieß (weiß) oder halb Weizen- und halb Maisgrieß
* 1 Liter Milchwasser (mit Wasser verdünnte Milch)
* Salz

Ab da trennen sich die Riebel-Geister – die einen schwören auf diese, die anderen auf jene Zubereitung. Drei Möglichkeiten geben wir an.

***

Variante 1: Milchwasser mit Salz in einem großen Topf zum Kochen bringen und den Maisgrieß einkochen. Einige Stunden auskühlen lassen. In einer großen Bratpfanne Butterschmalz nicht zu heiß werden lassen und den inzwischen fest gewordenen Maisbrei unter oftmaligem Wenden und Zerstoßen etwa eine Stunde braten.

Variante 2: Butterschmalz und Milchwasser in eine große Bratpfanne geben und sobald es kocht, den Maisgrieß einrühren und zugedeckt etwas auskühlen lassen. Pfanne wieder auf den Herd stellen und auf kleinem Feuer langsam braten. Dabei oft wenden und zerstoßen.

Variante 3: Im heißen Butterschmalz Maisgrieß leicht anrösten. Bevor er Farbe annimmt, mit Milchwasser aufgießen, sodass der Maisgrieß gerade bedeckt ist. Sofort den Deckel draufgeben und auf kleinste Flamme zurückschalten. Unter oftmaligem Wenden und Zerstoßen fertig braten. Dabei immer wieder etwas Milchwasser zugießen. Nach etwa einer Stunde ist der Riebel schön locker.

Riebel wurde zum Frühstück oder Abendessen gegessen, dazu gab es meistens Kaffee. Der Begriff „Riebel und Kaffee“ ist in Vorarlberg fast sprichwörtlich. Manche bestreuen ihn mit Zucker. Eine geschätzte Beilage ist Apfelmus.

Wo Enten und Vögel Urlaub machen

Es war am 27. Oktober 2005, als sich Generalanwältin Juliane Kokott in der Rechtssache C-209/04 in Schlussanträgen der Kommission der Europäischen Gemeinschaften gegen die Republik Österreich äußerte und damit eine von der Politik praktisch beschlossene Straßenvariante der sogenannten S 18, einer Schnellstraßenverbindung durch das Lauteracher Ried aus Vorarlberg in die Schweiz, zu Fall brachte. Wesentlicher Grund dieser Entscheidung: Der Lebensraum des Wachtelkönigs wäre beeinträchtigt oder gar zerstört worden, und das wurde schließlich im Juli 2006 vom Verfassungsgerichtshof in Wien bestätigt, womit die vorgesehene Trassenführung für rechtswidrig erklärt wurde. Ein unscheinbarer, etwa 30 Zentimeter großer, scheuer Vogel hatte ein Prestigeprojekt gekippt. Es war nicht das einzige Mal, dass der Wachtelkönig über geplante Straßen und die hohe Politik gesiegt hatte.

Unweit des Wachtelkönigs im Ried leben im Vorarlberger Rheindelta alljährlich Hundertausende von Vögeln und Enten. Manche sind dauerhaft hier, manche überwintern oder kommen im Sommer, manche sind nur auf der Durchreise in den Süden oder Norden. Das Rheindelta ist das größte Naturschutzgebiet am Bodensee, aber nicht das einzige. Der See ist geradezu umsäumt von Schutzgebieten, die vor allem für Vögel, aber auch für die Flora von größter Bedeutung sind. Wenn wir nur die wichtigsten aufzählen: Einen besonders schützenswerten Schilfgürtel gibt es zwischen Wasserburg und Nonnenhorn, ein kleines Schutzgebiet vom Zusammenfluss der Oberen und Unteren Argen bis zur Mündung in den Bodensee. Von herausragender Bedeutung ist das Eriskircher Ried, zwischen der Rotachmündung bei Friedrichshafen und der Schussenmündung bei Eriskirch gelegen, das bereits seit 1939 geschützt ist. In dieses Gebiet kommen während der Wintermonate zahlreiche Singschwäne, auch der Haubentaucher hat hier ein weites Feld. Mehrere Regionen umfasst das Naturschutzgebiet Bodenseeufer zwischen Stockach, Ludwigshafen, Mainau und Konstanz. Schließlich ist das „Wollmatinger Ried Untersee/Gnadensee" bei Konstanz, am Seerhein gelegen, seit 1973 Europareservat und seit 1976 Feuchtgebiet, von internationaler Bedeutung. Wenn man mit dem Auto von Konstanz auf die Insel Reichenau fährt, sieht man einen kleinen Teil des Gebietes – aber immer Hunderte oder Tausende von Enten und Vögeln in der Flachwasserzone.

Natur 21 Am besten ist das **Wollmatinger Ried** unter fachkundiger Führung vom See aus zu erkunden. Vom Schiff aus eröffnet sich das großartige Naturschutzgebiet von seiner schönsten Seite, nichts stört den Blick auf diese Oase der Ruhe und der Vielfalt. Mit 767 Hektar ist das Wollmatinger Ried das größte und auch bedeutendste Naturreservat am deutschen Bodenseeufer. Bereits seit 100 Jahren wird die Vogelwelt hier intensiv beobachtet, regelmäßige Zählungen und auch die Zusammenarbeit mit Universitäten und anderen Naturschutzgebieten am Bodensee bringen dem Wollmatinger Ried gesamteuropäische Bedeutung. Im Herbst werden regelmäßig bis zu 40.000 Wasservögel gezählt.

Zwischen dem Überlingersee und dem Untersee, auf der Halbinsel Mettnau, gibt es noch einen See: den Mindelsee, einen eiszeitlichen Moränensee, der in einem größeren Naturschutzgebiet liegt. Baden ist trotzdem erlaubt – allerdings ist der See nicht einfach zu finden. Ganz in der Nähe des Mindelsees, in Möggingen, arbeitet eine wissenschaftlich wichtige Einrichtung: die Vogelwarte Radolfzell, eine Niederlassung der Max-Planck-Gesellschaft für Ornithologie.

Besondere Lebensumstände bieten auch die vier Gemeinden Hard, Höchst, Fußach und Gaißau. Drei sind von Wasser umgeben, denn sie liegen zwischen Bodensee sowie altem und neuem Rhein: Höchst, Fußach und Gaißau. Diese Gemeinden leben nicht nur mit dem Wasser, sondern auch mit dem Naturschutz. Rund 2.000 Hektar Flachwasser, Schilfröhrichte, Feuchtwiesen und Auwälder sind hier geschützt, ebenso verschiedenste seltene Vogelarten, die hier ihr Rast- und Brutgebiet haben. Das **Rheindelta** ist ein Vogelschutzgebiet von europäischem Rang – und genau das wollten wir an einem Samstag im November in einer Exkursion besichtigen. Alwin Schönenberger beobachtet die Vogelwelt im Rheindelta seit Jahrzehnten, er geht mit uns den Weg um die „Lagune“ in Fußach, ein künstliches, mit der Fußacher Bucht verbundenenes Becken im See. Wenige Minuten erst sind wir unterwegs, da macht uns Schönenberger leise aufmerksam: „Dort, auf dem Ast, der aus dem See ragt, sitzt ein Eisvogel. Eine Seltenheit!“ Ein fachkundiger Begleiter bestätigt: Er gehe schon Jahrzehnte ins Rheindelta, das

22 Natur

aber sei „erst sein vierter Eisvogel“. Ein kleiner Vogel, der erst bei Betrachtung mit dem großen Fernglas sein prachtvolles Gefieder zeigt.

Lange Jahre gab es einen Streit zwischen Fischern und Naturschützern um die Kormorane, die einen wollten die Fischräuber ausrotten, die anderen die Art am See erhalten. Nach vielen Sitzungen und Diskussionen scheint man nun einen tragbaren Kompromiss gefunden zu haben, der keine zu starke Vermehrung, aber einen vernünftigen Bestand an Kormoranen sichert.

Es ist unfassbar, was man da alles sehen kann. Auf einer künstlichen Insel außerhalb des Beckens drängen sich Tausende Enten und Vögel, so weit vom Ufer, dass sie sich sicher fühlen, aber doch so nahe, dass man sie gut beobachten kann. Wie viele verschiedene Vögel es im Rheindelta gibt, frage ich Alwin Schönenberger. „Genau kann ich es nicht sagen, knapp 400 Arten wurden hier beobachtet.“ Er verweist auf eine **Liste**, die vom Umweltbüro Grabher im Juni 2010 zusammengestellt wurde. Dort sind genau 374 Vogelarten genannt, darunter viele, deren Namen ich noch nie gehört habe. Es macht aber Spaß, die lange Liste mit den durchaus auch komischen Namen zu lesen. Und natürlich, so Schönenberger, gibt es auch verschiedene Gruppen, mit denen man über den Bodensee hinweg zusammenarbeitet. „Schließlich“, so meint er, „halten sich Vögel ja nicht an unsere Grenzen.“

Skurriles 23

Ofenkatz

Ein altes Vorarlberger Gericht (gerne auch als Nachspeise genommen), das noch aus der Zeit stammt, als man im Winter kaum frisches Obst zur Verfügung hatte. Die Ofenkatz kann natürlich heutzutage trotzdem mit frischem Obst gemacht werden.

* 3 Eier
* 300 g glattes Mehl
* 1/4 l Milch
* 10 g Hefe
* 2 EL Zucker
* 4 EL Butter
* 500 g Dörrobst (Pflaumen, Birnen, Äpfel – eventuell in Rum getränkt)
* 50 g geriebene Haselnüsse
* 2 EL Weinbeeren
* Vanillezucker
* Zimt, geriebene Zitronenschale
* Butter zum Backen

***

Aus Hefe, 1 EL Zucker, lauwarmer Milch und wenig Mehl einen Teig machen, zugedeckt an einem warmen Ort ruhen lassen. Butter mit restlichem Zucker schaumig schlagen, die Eier dazugeben und Zimt, Zitronenschale und Vanillezucker einrühren. Das restliche Mehl mit dem vorbereiteten Teig und der Eiermasse zu einem geschmeidigen Teig verarbeiten und wieder ruhen lassen. Dann das klein geschnittene oder gehackte Dörrobst, die Weinbeeren und Nüsse mit dem Teig vermengen und in einer mit Butter bestrichenen Pfanne oder Form im Ofen (bei 180 Grad je nach Größe 45 bis 60 Minuten) unter mehrmaligem Wenden backen.

Mit Staubzucker bestreut servieren.

Zu sauber für die Fischer

Es war Mitte der siebziger Jahre, als ich ein für einen jungen Journalisten unglaubliches Angebot erhielt: Ich durfte für den Österreichischen Rundfunk eine wöchentliche Hörfunk-Sendung gestalten. Themen sollten das Land Vorarlberg, die Bodenseeregion und damit der Bodensee sein. Ich ahnte damals noch nicht, wie sehr mich der See in den folgenden Jahren beschäftigen sollte. Denn genau zu dieser Zeit erreichte die Verunreinigung des Bodensees ihren Höhepunkt, es bestand Gefahr, dass einer der größten Binnenseen Europas „umkippt". Der See war auf dem besten Weg, vom Trinkwasserspeicher zur Kloake zu mutieren. Hauptursache für die Verschmutzung waren Phosphate, die damals den Waschmitteln für ein vermeintlich besseres Weiß der Wäsche beigemengt wurden und die eine sogenannte Eutrophierung im See hervorriefen.

Damit war der See ein unrühmliches Thema für meine Sendung, aber auch für die Politik geworden. Die drei Anrainerstaaten riefen die höchste Alarmstufe aus und eine Erfolgsgeschichte in Sachen Umwelt nahm ihren Anfang, die ihresgleichen sucht. Die Hauptprobleme waren: Düngemittel, kommunale Abwässer, Fäkalien und Phosphate.

Die höchste Phosphatkonzentration erreichte der See um das Jahr 1980, dann wurden rund um den See Kläranlagen errichtet. Das Erreichen bester Wasserqualität hatte in allen Anrainerstaaten Priorität. In den vergangenen vierzig Jahren wurden in die Reinhaltung des Bodensees vier Milliarden Euro investiert. Der Erfolg ist messbar: Heute hat der See überall Trinkwasserqualität. Was auch notwendig ist, denn aus dem Bodensee beziehen fast fünf Millionen Menschen ihr Trinkwasser, vor allem in Süddeutschland bis hinauf nach Stuttgart, aber auch in der Schweiz, zum Beispiel in der Stadt St. Gallen.

„Sie müssen weit gehen, um ein ähnlich erfolgreiches Beispiel von internationalen Maßnahmen für einen See zu finden. Das zeigt, wie gut wir am Bodensee zusammenarbeiten. Und das seit mehr als einem halben Jahrhundert", ist Dr. Herbert Löffler vom Institut für Seenforschung an der Malerecke in Langenargen stolz. Mit „wir" meint er die **„Internationalee Gewässerschutz-Kommission für den Bodensee" (IGKB)** . Ziel des Zusammenschlusses war, dass sich die Anliegerstaaten „in gemeinsamen und koordinierten Anstrengungen" für die Reinhaltung des Bodensees einsetzen. Heute ist die IGKB ein Vorzeigeprojekt, über das auch Forschung zum Bodensee betrieben wird. Zum 50-Jahr-Jubiläum 2009 wurde ein Buch als umfangreiche Dokumentation herausgegeben: „Der Bodensee – Ein Naturraum im Wandel" gilt heute schon als Standardwerk zum Bodensee. 24 Natur

Der „Trinkwasser-See" erfreut die meisten Menschen, aber eben nicht alle. Die Berufsfischer zum Beispiel würden sich ein bisschen mehr „Dreck" im See wünschen, denn inzwischen ist das Wasser so sauber, dass die Fische langsamer wachsen, weshalb die Fänge gegenüber den siebziger und achtziger Jahren deutlich zurückgegangen sind – und damit auch die Zahl der Berufsfischer, die der Bodensee ernähren kann. Es gibt aber auch so etwas wie einen natürlichen Rückgang des Fischerhandwerks: 1901 gab es 460 Fischereipatente, 1935 waren es 218 Patente, heute arbeiten noch 140 Berufsfischer am See. Nikolaus Schotzko, beim Amt der Vorarlberger Landesregierung für die Fischerei zuständig, meint, dass sich diese Anzahl noch weiter verringern müsse. Dass der Ertrag zurückgeht, zeigt auch eine Statistik der **„Internationalen Bevollmächtigtenkonferenz für die Bodenseefischerei" (IBKF)**. Im Jahr 2010 erreichte der Gesamtertrag der Berufsfischer am Obersee 733 Tonnen. Ein Jahr zuvor war es etwa gleich viel. Allerdings lag die Menge 10 Prozent unter dem Zehnjahresmittel. Mit Abstand wichtigster Fisch im Bodensee ist der Felchen mit einem Fang von 622 Tonnen, weit dahinter kommt der Barsch (auch Kretzer oder Egli genannt) mit 34 Tonnen. Der Rest verteilt sich auf andere Fischarten: Seeforellen, Seesaibling, Äsche, Hecht, Zander, Karpfen, Schleie, Brachse, Weißfisch, Trüsche, Aal und Wels. Insgesamt kennen wir 30 Fischarten im Bodensee.

Natur 25

Um fast ein Viertel sind die Fangerträge im Jahr 2010 bei den Angelfischern zurückgegangen. Mit 40 Tonnen gab es das schlechteste Ergebnis der vergangenen zehn Jahre. Trotzdem schrieb ein Fischer aus Lochau im August 2011 Geschichte, als er einen 2,50 Meter großen Wels aus der Tiefe angelte. Auch das hängt mit der neuen Wasserqualität und dem hohen Sauerstoffgehalt des Sees zusammen: Die Eier werden vom männlichen Tier gepflegt und mit Sauerstoff befächert, da sie von sich aus zu wenig Sauerstoff aufnehmen können. Sauerstoff braucht auch die Felchenbrut: Die Eier werden nämlich im Wasser abgelegt und sinken auf den Grund. Wenn dort – wie während der Eutrophierung des Sees in den siebziger Jahren – kaum Sauerstoff vorhanden ist, stirbt die Brut ab. Noch etwas ist entscheidend für den Sauerstoffgehalt am Seegrund und damit für den Felchennachwuchs: die Wassertemperatur, die sich im Winter, bei Kälteperioden, auf knapp über den Gefrierpunkt senkt. Bei einer Temperatur von vier Grad ist Wasser am schwersten, es kommt zu einem Austausch: Das schwere Wasser sinkt auf den Grund und bringt Sauerstoff mit, das fast sauerstofflose Wasser von unten steigt und wird mit Sauerstoff angereichert.

Um den Fischnachwuchs zu sichern, wurden in allen Anrainerstaaten Fischzuchtanstalten eingerichtet. Insgesamt gibt es sechs Brutanstalten rund um den See, deshalb wird Laichfischfang betrieben. Nach Aufzeichnungen der IBKF wurden im Jahr 2010 mehr als 60.000 Blaufelchen als Laichtiere gefangen, denen etwa 1.600 Liter Laich abgezogen wurde. Besonders erfolgreich war die Anzahl der Gangfisch-Laichtiere (Gangfische sind nahe Verwandte der Felchen), von denen mehr als 80.000 abgezogen wurden. Geht man davon aus, dass von 1.000 Gangfischrognern (die weiblichen Tiere) etwa 27,5 Liter Laich gewonnen werden, dann entspricht das immerhin einer Menge von 2.200 Litern Rogen, also Fischeiern. Gerade die Gangfischeier, der Kaviar also, wird von Kennern mindestens so hoch geschätzt wie der übliche Kaviar aus dem Handel. Ganz besonders gilt das für Ermatingen in der Schweiz, wo der geräucherte **Gangfisch** eine Delikatesse ist. 26 Kulinarik

Ohne die Aufzucht in den Brutanstalten unterläge der Fischfang am Bodensee wesentlich größeren Schwankungen. Es fällt auf, dass viele Fische gezüchtet und im See ausgesetzt werden: Gangfisch, Blaufelchen, Seesaibling, Seeforelle und andere. Barsche aber, auch Egli genannt, also besonders geschätzte Speisefische am Bodensee, von denen die Fischer mehr verkaufen könnten, fehlen in den Brutplänen. Nikolaus Schotzko erklärt: „Früher, im eutrophierten Wasser, hatten die Barsche ein leichtes Überleben. Inzwischen hat sich das auf eine natürliche Vermehrung eingependelt – und das schnelle Wachstum gehindert. Einfach gesagt: Je sauberer der See, umso schwierigere Bedingungen hat der Barsch. Es gibt derzeit so etwas wie eine Verschiebung der Arten: Barsche gehen zurück, Felchen, die auch der ‚Brotfisch' der Fischer sind, nehmen zu, brauchen aber länger, bis sie ausgewachsen sind, und mit dem Seesaibling, der fast ausgestorben war, geht es wieder steil bergauf." Trotzdem wurde 2011 in der Fischzuchtanstalt in Hard erstmals die Barschzucht versucht. Das Ergebnis kann noch nicht beurteilt werden.

Auf eines darf man aber hinweisen: Der frische Fisch aus dem Bodensee ist auf den Speisekarten der Restaurants ausbaufähig. Am deutschen Ufer gilt das nur bedingt, denn dort findet man nahezu überall eine Fischkarte. In der Schweiz ist das nicht mehr ganz so gut, am österreichischen Ufer aber, namentlich in Bregenz, wo man den See direkt vor Augen hat, muss man das Fischangebot in den Lokalen suchen. In Vorarlberg ist Fisch, vor allem Bodenseefisch, noch kein selbstverständliches und geschätztes Produkt auf dem Speisezettel. Nicht im Lokal und nicht zu Hause. Nikolaus Schotzko meint, dass dafür auch die Selbstvermarktung der Fischer verbessert werden muss, damit es gelingt, ihre hochqualitativen, frischen regionalen Produkte zu bewerben. Einen guten Anfang hat die Vorarlberger Handelskette „Sutterlüty" gemacht. In einer eigenen Fischtheke werden in einigen Filialen Fische aus dem Bodensee – Felchen, Barsch, Hecht oder Trüsche – angeboten. Alle Fische kommen von der einzigen Berufsfischerin in Vorarlberg, Regula Bösch aus Gaißau.

Eingelegte Felchen: „Der Marinierte“

Im Jahre 1824 verfasste die Berufsköchin Caroline Cümicher das erste Kochbuch der Bodenseeregion. Die damals 29-Jährige hatte in herrschaftlichen Küchen gearbeitet. Nicht weniger als 777 Rezepte sind in diesem „Constanzer Kochbuch“ gesammelt. Erstmals finden sich darin 50 verschiedene Anleitungen für die Zubereitung von Fischen aus dem Bodensee. (Quelle: Ausstellungskatalog „Die Welt im Topf“ des Rosgartenmuseums Konstanz)

* 4 Felchen
* Riesling
* Saft (suurer Most)
* weißer Essig
* Zwiebel
* Senf- und Pfefferkörner
* Salz, Zucker, Lorbeerblätter, Wacholderbeeren, Fischgewürz

* * *

Die geschuppten Felchen mit Salz und schwarzem Pfeffer aus der Mühle oder Fischgewürz bestreuen, leicht bemehlen und in Öl goldgelb braten. Marinade bereiten aus: 1/3 Riesling, 1/3 Saft (suurer Most), 1/3 weißer Essig, Zwiebelingen, Senf- und Pfefferkörnern, Salz und Zucker, Lorbeerblättern, Wacholderbeeren und Fischgewürz. Den gebratenen Fisch schichtweise in die Marinade legen und mindestens drei bis vier Tage im Kühlen ziehen lassen.

Früher war das eingelegte Felchen eine spezielle Form der Konservierung, heute ist es ein beliebtes, leichtes Sommergericht.

Gefüllte Felchen auf Gurkengemüse in Weißherbstbutter

Das Rezept kommt von Clemens Baader vom Restaurant „Baader" in Heiligenberg, nicht mehr direkt am Bodensee, aber noch ganz unter dem Einfluss des Sees. In Heiligenberg steht auch eines der schönsten Schlösser der ganzen Bodenseeregion, das sich im Besitz der Familie von Fürstenberg befindet, aber leider nicht zugänglich ist. Ausnahme: Teile des Schlosses bei Führungen.

Zutaten für 4 Personen

Gefüllte Felchen

* 8 Felchenfilets
* 1 Ei
* 150 g Sahne
* Pfeffer, Zitronensaft, Traubenkernöl
* Petersilie, Schnittlauch und Dillspitzen – alles gehackt

Für die Füllung 3 Felchenfilets würzen und etwa 10 Minuten ins Gefrierfach legen, dann im Standmixer zerkleinern, zuerst das Ei, dann die Sahne dazugeben. Durch ein Sieb streichen und kühl stellen. Alufolie und darauf Butterbrotpapier legen und mit etwas Traubenkernöl bestreichen, salzen und pfeffern. Darauf dachziegelartig fünf Felchenfilets ausbreiten, mit Salz und Pfeffer würzen, die Füllung – mit den Kräutern gemischt – aufstreichen und aufrollen.

An beiden Enden verschließen und im Wasserbad im vorgeheizten Backofen bei 150 Grad etwa 25 Minuten pochieren.

Gurkengemüse
* 2 kleine Salatgurken
* 200 g geschälte, gewürfelte Schalotten
* etwas fein gewürfelter Knoblauch
* 40 g Butter
* 200 ml Sahne
* 50 g Crème fraîche
* Salz, Pfeffer
* Zitronensaft, Schnittlauch

Bei den geschälten Gurken das Kerngehäuse entfernen, in nicht zu dicke Scheiben schneiden. Schalotten und Knoblauch in der Butter goldgelb anschwitzen. Die Gurken dazugeben, danach Sahne und Crème fraîche beifügen, mit Salz und Pfeffer würzen und mit Zitronensaft abschmecken. Fünf Minuten leicht kochen lassen, dann Schnittlauch unterziehen.

***

Weißherbstbutter
* 40 g geschälte, gewürfelte Schalotten
* 40 g Butter
* 400 ml Weißherbst
* Salz, Pfeffer
* Zucker, Zitronensaft

Schalotten in 20 g Butter anschwitzen, mit dem Weißherbst ablöschen und um etwa ein Drittel reduzieren. Mit Salz, Pfeffer, Zucker und Zitronensaft würzen. Kurz vor dem Servieren die restlichen 20 g kalte Butter einrühren und mit dem Pürierstab aufmixen. Zum Anrichten das Gurkengemüse auf Teller verteilen. Mit Weißherbstbutter beträufeln, gefüllte Felchen auf das Gemüse legen. Nach Wunsch mit Kräutern garnieren.

Weintipp
Zu diesem Gericht eignet sich perfekt ein Weißherbst vom Bodensee.

Dichter, Maler, Burgen, Klöster

Von Lindau bis zur Mainau

Es muss schon richtig sein: Der Bodensee ist so etwas wie eine Muse. Wie sonst könnte man erklären, dass seit vielen Jahrhunderten an diesem See große Literatur und große Kunst entstanden sind. Kaum ein Ort, an dem man keine Hinweise auf Dichter oder Künstler findet, dafür viele Orte, an denen sich zu unterschiedlichen Zeiten mehrere versammelten. Niemand hat das alles so interessant, so umfangreich und so genau beschrieben wie Manfred Bosch, Literaturwissenschaftler und selbst Dichter in alemannischer Mundart (siehe Bibliografie).

Ich stehe am „Happy-End von Deutschland", am berühmten, am meistfotografierten Hafen des Bodensees, die Einfahrt am Ende der beiden Molen mit dem 33 Meter hohen Leuchtturm aus dem Jahre 1856 und gegenüber dem sechs Meter hohen Bayerischen Löwen geschmückt. Ich bin in Lindau, der malerischen Insel mit den schönen Patrizierhäusern. Herausragend das Alte Rathaus aus dem 15. Jahrhundert an der Hauptstraße, dann der Marktplatz und das Haus zum Cavazzen mit den beeindruckenden

Wandmalereien. Schließlich noch die ehemalige Peterskirche mit den einzigen erhaltenen Fresken von Hans Holbein dem Älteren aus dem 15. Jahrhundert.

Der Hafenplatz ist wie immer voll von Menschen, ein Promenadenorchester spielt zwischen den Hotels und der Schiffslände, Porträtmaler und Gebrauchskünstler bieten ihre Dienste an. Ich suche die Dammstraße, die gleich hinter dem Hafen stadteinwärts führt. Denn dort wohnte die bekannteste literarische Figur der Stadt, vielleicht sogar des Bodensees, der liebe Augustin. In einem Häuschen hatte er sich ein Liebesnest eingerichtet und traf sich dort mit der Fürstäbtissin des Frauenstifts, Friederike von Bretzenheim. 1921 schrieb Horst Wolfram Geißler (1893–1983) „Der liebe Augustin – Die Geschichte eines leichten Lebens“ (Verlag Sanssouci). Mit einer Auflage von mehr als einer Million Exemplaren gelang Geißler damit der bekannteste Bodenseeroman. Geißler siedelte die Geschichte in Lindau an. Hier lebte Augustin, hier bastelte er seine Spieldosen, durch deren Verkauf er seinen Unterhalt sicherte, und hier, im Gasthaus „Lamm“ – einem der traditionsreichsten Häuser in Lindau, das vor einigen Jahren seine Pforten schloss – sang Augustin Sumser, wie er im Roman heißt, sein Lied: „Ach, du lieber Augustin, alles ist hin, alles ist hin.“ Spätestens jetzt fällt die Parallele zum Wiener Augustin auf. Denn auch der führte ein „leichtes Leben“ und sang im Lied „Oh du lieber Augustin, alles ist hin.“ Noch ein Erfolgsschriftsteller schrieb zu seiner Lindauer Zeit einen Roman: Norbert Jacques (1880–1954). Er führte ein unstetes Leben, kaufte 1920 „Gut Adelinenhof“ in der Nähe von Lindau, wo er immer wieder wohnte. Berühmt machte ihn 1920 der Kriminalroman „Dr. Mabuse, der Spieler“, der 1922 von Regisseur Fritz Lang verfilmt wurde. Den Spieler-Roman schrieb Jacques in nur 20 Tagen unweit von Lindau, im österreichischen Hörbranz, genauer gesagt im Gasthaus „Bad Diezlings".

Von besonderer Wichtigkeit für Franz Michael Felder (1839–1869), den bedeutendsten Vorarlberger Dichter des 19. Jahrhunderts, war die Lindauer Buchhandlung Stettner mit angeschlossenem Verlag in der Maximilianstraße. Der Bauer aus Schoppernau im Bregenzerwald brachte im Jahre 1863 seinen ersten großen Roman bei Johann Thomas Stettner heraus, die Dorfgeschichte „Nümmamüllers und das Schwarzokaspale". Über all die Jahre war „der Stettner" in Lindau die wichtigste Buchhandlung der Region. Nie war ich in Lindau, ohne hineinzuschauen – zu Ehren Felders und zur eigenen Freude. Bis vor kurzem, denn als ich das letze Mal der Gewohnheit folgen wollte, war am traditionsreichen Ort anstelle der Buchhandlung ein Bekleidungsgeschäft. Nur noch die alte Schrift am Haus erinnert an die „Buchhandlung Stettner".

Wenn wir am See weitergehen, kommen wir nach Bad Schachen, einen Ortsteil von Lindau. Hier findet man nicht nur das altehrwürdige Kurhotel, sondern auch ein schönes, altes Freibad und das Friedensmuseum Lindau mit dem Friedenspark. Wer einen exquisiten Platz zu feinstem Essen will, wird ihn auf der Terrasse des Grand Hotels Bad Schachen finden, auch der Kuchen am Nachmittag ist nicht zu verachten. Allein der unbeschreibliche Blick über den See in Richtung Bregenz, auf die österreichischen und schweizerischen Alpen, ist den Besuch wert. Nicht umsonst spricht man hier von der „bayerischen Riviera".

Etwas weiter westlich liegt der Ort Wasserburg. Er ist in die Literaturgeschichte eingegangen ist, weil hier 1927 der Großmeister der Bodensee-Dichter, Martin Walser, geboren wurde. Gegenüber dem Bahnhof steht das Haus, in dem Walser aufwuchs, dort leitete seine Mutter die Bahnhofswirtschaft. Die Jugendzeit in Wasserburg, die in die Zeit des Nationalsozialismus fällt, hat Walser in „Ein springender Brunnen“ literarisch verarbeitet. Auch große Teile in „Das Einhorn“ spielen in dieser Gegend am Bodensee, wie der See ja fast immer bei Walser ein Thema ist.

Den beiden Dichtern Horst Wolfram Geißler und Martin Walser, der seit 1984 auch Ehrenbürger von Wasserburg ist, sind im Heimatmuseum Malhaus, das sonst Zeugnisse aus der Ortsgeschichte zeigt, eigene Ausstellungen gewidmet.

In dieser Gegend spielt auch Eduard Mörikes (1804–1875) „Idylle vom Bodensee“. Er selbst schreibt: „Der Schauplatz der Idylle ist an der württembergischen Landesgrenze gegen Bayern, südöstlich von Friedrichshafen zu denken.“ Damit wären wir zumindest in der Umgebung von Wasserburg, wobei manche Literaturkenner die Antoniuskapelle bei Selmnau als idealen Ort der Handlung vorschlagen. Mörike, Dichter und evangelischer Pfarrer, kam 1840 zum ersten Mal an den Bodensee, seine literarische Verarbeitung, die „Idylle vom Bodensee“, ein Versepos in sieben Gesängen (2004 im Insel Verlag neu aufgelegt), erschien aber erst fünf Jahre später. Mörike kam immer wieder an den Bodensee, unter anderem auch an den Rheinfall bei Schaffhausen, dem er ein eigenes Gedicht widmete. (Siehe Seite 31.) Aber auch bei manch anderem von Eduard Mörikes Gedichten, zum Beispiel „Um Mitternacht“ („Es singen die Wasser im Schlafe noch fort, vom Tage, vom heute gewesenen Tage“), kann man zumindest vermuten, dass da der Bodensee Pate gestanden hat.

Außerordentlich ist ein Spaziergang von Nonnenhorn nach Kressbronn, weil man da einfach nur durch wunderbare Obstplantagen geht. Am besten eignet sich dazu das Frühjahr, wenn die Kirschen und die Äpfel blühen (in

Kressbronn gibt es im Mai ein eigenes Blütenfest), aber auch die Zeit der Ernte im Herbst und die Weinlese. Beide Orte sind aufgrund ihrer besonderen Fruchtbarkeit berühmt, haben aber zusätzlich zu ihrer Lage am See Schönes zu bieten. Nonnenhorn etwa einen Torkel (die letzte von einst 15 Weinpressen) aus dem 16. Jahrhundert oder „Gedenksteine" an die „Seegfrörnen", also an die Jahre 1880 und 1963 (siehe Seite 95). Bekannt ist Kressbronn auch durch die Bodan-Werft, in der viele Schiffe der „Weißen Flotte" am Bodensee gebaut wurden und werden. Jüngste Beispiele sind die Bodensee-Katamarane, die eine gut genutzte Schnellverbindung zwischen Friedrichshafen und Konstanz fahren. Nicht zuletzt sind die beiden Bodenseegemeinden aufgrund der gastronomischen Angebote geschätzt. „Zum Zollhaus" in Kressbronn etwa bietet eine traditionelle, unverfälschte Gaststube mit ebensolcher Karte, von der ich besonders den schwäbischen Kartoffelsalat und die Maultaschen schätze. Eine Kombination aus zeitgemäßer Architektur und Weinbau von hoher Qualität findet man im Winzerhof Gierer in Nonnenhorn. Dort wurde mit verschiedenen Architekten ein besonderes Ambiente geschaffen, in dem nicht nur Wein, sondern auch Glaskunst angeboten wird. Oliver Schaugg ist für die Kunst, Ulrike Schaugg für die Weine zuständig – beide auf hohem Niveau.

Zwischen Obstgärten an den See gebettet liegt Langenargen. Eine Freude, wenn man vom Land her kommt – und ebenso eine, wenn man mit dem Schiff anreist. Vom Land fällt die 1888 errichtete Brücke über die Argen auf, die älteste Kabelhängebrücke Deutschlands. Vom See aus halten sich die Augen an zwei Gebäuden fest: dem Schloss und der Kirche. Die Pfarrkirche St. Martin wurde um das Jahr 1720 in barockem Stil errichtet, beeindruckend sind die Deckenfresken des in **Langenargen** geborenen Barockmalers Franz Anton Maulbertsch. Im der Kirche gegenüberliegenden kleinen **Museum** werden immer wieder Ausstellungen zur Familie Maulbertsch gezeigt, daneben auch wesentliche Arbeiten in der ständigen Sammlung. Besondere Bedeutung hat dieses Museum aber durch eine große Sammlung von Arbeiten Hans Purrmanns, eines Schülers von Henri Matisse, der die Sommermonate zwischen 1916 und 1935 immer in Langenargen verbracht hatte und hier auch begraben liegt. Schließlich zeigt man auch gerne André Ficus, der mit seinen Bodensee-Aquarellen die Texte Martin Walsers u. a. im Buch „Heimatlob" begleitete. „Heimatlob" (siehe Bibliografie) ist in Wort und Bild eine der schönsten Liebeserklärungen an den Bodensee.

27 Kultur

In Langenargen begegnen wir auf unserem Rundgang zum ersten Mal der wichtigsten Bodensee-Dichterin, Annette von Droste-Hülshoff (1797–1848), deren Platz eigentlich die Meersburg ist. Im Sommer 1842 kam sie mit ihrer Schwester nach Langenargen, das sie „als so romantisch, dass man es in einem Roman nicht brauchen könnte" bezeichnete. Besonders der Platz, an dem damals eine Burgruine am See stand, beeindruckte sie: „Die herrliche Ruine Montfort, auf einer Landzunge, die schönste, die ich je gesehen habe, mit drei Toren, zackichten Zinnen und einer dreifachen Reihe durch ihre Höhe und Tiefe ordentlich imponierende Fensternischen." Die Ruine gibt es nicht mehr, dort steht heute Schloss Montfort, für viele einer der schönsten Plätze am Bodensee. 1866 wurde es von König Wilhelm von Württemberg in maurischem Stil erbaut und wird immer wieder aufgrund seiner besonderen Lage als „Bodensee-Miramare" bezeichnet.

Friedrichshafen wird am Bodensee gerne als Industriestadt abgetan, die zwar wirtschaftlich potent, in Sachen

Kultur aber nicht besonders wichtig sei. Dabei wird gerne übersehen, dass in dieser Stadt, wie es in einem Zeitungsartikel hieß, „das Fliegen erfunden wurde“ und deshalb Geschichte 28 zwei bedeutende Museen stehen: das **Dornier Museum** und das **Zeppelin Museum**. In Friedrichshafen wuchsen zwei Flugpioniere heran, die technische Weltgeschichte schreiben sollten: Ferdinand Graf von Zeppelin (1838–1917) und Claude Dornier (1884–1969). Zeppelin sicherte sich seinen Platz in der Geschichte der Luftfahrt mit seinen „Starrluftschiffen“, von denen das erste am 2. Juli 1900 in die Luft stieg. Einer der ersten Passagiere des Zeppelin war Hermann Hesse, der 1911 von Friedrichshafen aus eine Rundfahrt über die Bregenzer Bucht machte. Davon handelt seine Erzählung „Eine Spazierfahrt in der Luft“. Der berühmteste Zeppelin wurde der LZ 129, der nach dem deutschen Reichspäsidenten Paul von Hindenburg benannt wurde. Am 6. Mai 1937 brannte das Luftschiff bei der Landung in Lakehurst bei New York aus, 36 der 97 Personen an Bord kamen ums Leben. Das war für lange das Ende der Verkehrsluftfahrt. Seit 1997 aber fliegt ein neuer Typ, der Zeppelin NT, über den Bodensee. Ein Rundflug mit diesem Luftschiff gehört heute zu den bevorzugten Freizeitaktivitäten am See. Claude Dornier arbeitete zuerst bei den Zeppelin-Werken und gründete 1922 die Dornier-Werke in Friedrichshafen. Noch heute sind die Flugzeuge mit der Typenbezeichnung DO legendär, zu besonderem Ruhm brachte es das Wasserflugzeug DO X mit seinen sechs Motoren auf den Flügeln, das – ähnlich wie der Zeppelin – ein Luxusgerät mit Salons und Bars an Bord war, mit exquisiter Ausstattung, Möbeln aus Zedernholz und Ledersesseln, sogar mit einem Rauchersalon.

Die Flugzeugproduktion geriet Friedrichshafen nicht nur zum Segen. Zwar war die Stadt dadurch und durch andere Industriebetriebe, wie die Zahnradfabrik, reich, aber auch zum Zentrum der Rüstungsindustrie geworden. Als einzige Stadt am Bodensee – neben Bregenz in den letzten Kriegstagen – wurde Friedrichshafen deshalb zum Ziel der Alliierten: Vom 21. Juni 1943 bis zum 25. Februar 1945 musste die alte Bodenseestadt elf Luftangriffe über sich ergehen lassen. Etwa tausend Tote und gleich viele Verwundete, dazu eine weitgehend zerstörte Innenstadt, waren die traurige Bilanz nach dem Krieg.

In Friedrichshafen ist der wichtigste Flughafen am deutschen Bodenseeufer. Er wird auch von den Vorarlbergern als „Heimatflughafen" gesehen. Die Wirtschaft dominiert: Zahnradfabrik, Motoren- und Turbinenunion mit Maybach-Mercedes-Benz, Zeppelin-Metallwerke als Nachfolge des Luftschiffbaus, schließlich Friedrichshafen als wichtigste Messestadt weitum mit der „interboot", der Fachmesse für die Wassersportler rund um den See.

In Friedrichshafen stand aber auch das erste Museum am Bodensee. 1869 machte der ein Jahr zuvor gegründete **„Verein für die Geschichte des Bodensees und seiner Umgebung"** seine Sammlung öffentlich. Später wurde die Sammlung an die Stadt verkauft. Seit Ende des zwanzigsten Jahrhunderts ist der 1933 errichtete Hafenbahnhof, das schönste Zeugnis von Bauhaus-Architektur am Bodensee, nach seiner Renovierung Heim für das Zeppelin- und das Bodenseemuseum. Rund 250.000 Besucher kommen jährlich, um neben anderem die umfangreiche Otto-Dix-Sammlung zu sehen. Das bei einem Spaziergang an der Promenade bedeutendste historische Bauwerk Friedrichhafens, das ehemalige Benediktinerkloster, war nach der Säkularisierung Sitz des württembergischen Königshauses. Es wird heute von dessen Nachkommen bewohnt und kann nicht besichtigt werden. Dafür ist die angrenzende Schloss-

29 Kultur

Bauhaus-Architektur in Friedrichshafen: Hafenbahnhof

kirche, ursprünglich vom Kloster Weingarten errichtet, für einen Besuch zu empfehlen. Sie wurde Ende des 16. Jahrhunderts vom Vorarlberger Barockbaumeister Christian Thumb errichtet, im Krieg teilweise zerstört und um 1950 beispielhaft renoviert. Und wer dann immer noch Lust auf Geschichte hat, der kann einen Ausflug in frühe Schulzeiten unternehmen: Im **„Schulmuseum“** stehen Bänke und Katheder, liegen Griffel und Schiefertafeln bereit. Und dazu gibt es einen richtigen ehemaligen Lehrer, der die Führungen macht. 30 Geschichte

Friedrichshafen ist mit der Schlosskirche, wie auch schon Lindau oder Langenargen, wichtige Station der **Oberschwäbischen Barockstraße.** Es gibt vier verschiedene Routen, die in der Region zwischen Donau und Bodensee zu vielen barocken Kleinoden im süddeutschen Raum und auch grenzüberschreitend nach Vorarlberg und in die Schweiz führen. 31 Kultur

Von Friedrichshafen aus erreicht man, wenn man nördlich mit dem Auto fährt, in etwa einer halben Stunde Weingarten – und wird schon in der Hauptstraße mit einem Blick auf das Münster erfreut, ein Blick, der seinesgleichen sucht, denn die riesige Kirche steht über der Stadt. Um das Jahr 940 wurde hier von den Welfen ein Frauenkloster gegründet, das auch als Grablege des Grafengeschlechtes diente. Überregionale Bedeutung als Wallfahrtsort erhielt es Ende des 11. Jahrhunderts, als eine Heilig-Blut-Reliquie ins Kloster kam. Um 1720 wurde anstelle der ursprünglich romanischen Basilika Deutschlands größte Barockkirche erbaut. Gleich drei bekannte Vorarlberger Barockbaumeister waren beteiligt: Caspar Moosbrugger, Franz Beer und Christian Thumb. Große Bodensee-Künstler waren mit dabei: Cosmas Damian Asam schuf die Deckenfresken, der Wessobrunner Franz

Schmutzer die Stuckaturen, Joseph Anton Feuchtmayer das Chorgestühl. Das Münster von Weingarten ist tatsächlich ein barockes Gesamtkunstwerk und war mit dem Kloster ein bedeutendes kulturelles Zentrum. 1802 allerdings wurde das Kloster aufgehoben und erst 1922 von Benediktinern wieder mit Leben erfüllt. Den größten Festtag im Jahr feiert man in Weingarten am Tag nach Christi Himmelfahrt in Erinnerung an die berühmte Reliquie:
Geschichte 32 Zum **„Blutritt“** kommen Tausende Pilger zu einer Reiterprozession und bieten, mit der Basilika im Hintergrund, einen prachtvollen Anblick.

Wenn man von Hagnau spricht, dann denkt man an Wein. Oder an den Pfarrer und Schriftsteller Heinrich Hansjakob. Oder an beide. (Siehe Seite 44.) Denn ohne Pfarrer Hansjakob wäre der Winzerverein in Hagnau nie oder erst viel später gegründet worden.

Mit der Kirche hängt auch eine andere Geschichte in Hagnau zusammen: die Eisprozession über den zugefrorenen See. Immer bei „Seegfrörne“, das ist, wenn der Bodensee in seiner ganzen Länge und Breite zugefroren ist, also sehr selten, führt eine Prozession von Hagnau an das gegenüberliegende Ufer nach Münsterlingen in der Schweiz – oder umgekehrt. Dabei wird die Büste des Heiligen Johannes über den See getragen – und verbleibt dann bis zur nächsten Seegfrörne in der jeweiligen Kirche. Der Johanneskopf wird in der Klosterkirche Münsterlingen täglich zur Schau gestellt. Die Hagnauer aber warten auf einen kalten Winter, damit der heilige Johannes wieder über den See in ihre Kirche getragen wird. (Siehe auch Seite 111 und Punkt 36.)

Schön ist es, über die Weinberge von Hagnau nach Meersburg zu laufen, immer hoch über dem See. Weither grüßen über den See das Alte Schloss, die Meersburg, und das Neue Schloss, wenn man sich mit dem Schiff, sei es von Hagnau, sei es mit der Fähre von Konstanz, nähert. „Die Schönste am See" wird die vor mehr als tausend Jahren gegründete Stadt gerne genannt, und neidlos soll das anerkannt werden. Meersburg ist etwas Besonderes, eine alte Weinstadt, mitten in den Weinbergen, mit Burg, Schloss, zeitweiligem Bischofssitz und Staatsweingut mit Kellerei in einer unbeschreiblichen Lage über dem und am Bodensee. Das erkannte auch eine der ganz großen deutschen Dichterinnen, Annette von Droste-Hülshoff. Das Alte Schloss, in dem die Konstanzer Bischöfe von 1526 bis 1750 ihren Wohnsitz hatten, wurde 1838 von Freiherr von Laßberg, einem Schwager der Dichterin, erworben. Ab 1841 verbrachte „die Droste" immer wieder viel Zeit auf „dem Turme", dem sie auch ein eigenes Gedicht gewidmet hat („Ich steh auf hohem Balkone am Turm / umstrichen vom schreienden Stare / und laß gleich einer Mänade den Sturm / mir wühlen im flatternden Haare."). Viele ihrer Gedichte sind im roten Turmzimmer mit wunderbarer Aussicht auf den See entstanden. Ihr Arbeitsraum und auch ihr Sterbezimmer sind zu besichtigen. Vom Honorar für die erste Ausgabe ihrer Gedichte ersteigerte sie einen Weinberg mit dem sogenannten **Fürstenhäusle**, in dem heute die Gedenkstätte für Annette von Droste-Hülshoff eingerichtet ist. „Die zweite Hälfte meiner Heimat" nannte die aus Westfalen stammende Dichterin Meersburg – und schließlich wurde es fast ihre ganze Heimat. 33 Kultur

Nach Meersburg erfolgt der Schritt in den Überlinger See – und der Eintritt in die Frühzeit des Menschen. In Unteruhldingen steht das **Pfahlbaumuseum**, das uns in die Zeit von 4000 bis etwa 900 vor Christus entführt. Das Museum steht zu Recht an diesem Ort, denn um Uhldingen fand man viele archäologische Belege mit Hinweis da- 34 Geschichte rauf, dass hier schon sehr früh Menschen lebten. 1922 wurde das Freilichtmuseum mit anfangs zwei Pfahlbauhäusern gegründet. Inzwischen steht ein ganzes Dorf von etwa zwanzig Häusern im See, dazu Häuser mit vielen Informationen und virtuellen Rundgängen an Land. Am 27. Juni 2011 hat die UNESCO die prähistorischen Pfahlbauten rund um die Alpen, darunter auch Unteruhldingen als herausragendes, weil öffentlich sichtbares und wirksames Beispiel, als Weltkulturerbe anerkannt.

Jetzt sind wir schon weit auf dem Überlingersee, wenn hoch oben, inmitten von Weinbergen, die „Perle des Bodensees" grüßt, die Wallfahrtskirche Birnau. Abt Anselm II. vom Kloster Salem erteilte dem Bregenzerwälder Barockbaumeister Peter Thumb den Auftrag zur 1750 fertiggestellten Kirche. Das dem Kloster als Sommerresidenz dienende Propsteigebäude wurde als wunderbare Einheit mit der Kirche errichtet, die heute – nach einer Schenkung des Prinzen Max von Baden im Jahre 1922 – zum Kloster Mehrerau gehört. Allein die Lage mit Blick weit in den Obersee bis zu den Schweizer Bergen und hinein in den Überlingersee lässt verstehen, warum es sich um die beliebteste Heiratskirche am Bodensee handelt. Noch klarer wird das, wenn man in die Kirche eintritt, denn ihre Gestaltung ist von seltener Harmonie. Im Zentrum der geistlichen Betrachtung steht das Gnadenbild am Altar, im Zentrum des Besucherinteresses aber der heitere „Honigschlecker", ein Barockengel am Altar des heiligen Bernhard von Clairvaux, der sich gerade am Honig gütlich tut. Wer die Möglichkeit hat, in dieser Kirche ein Konzert zu besuchen, sollte das tun – vielleicht lässt sich dabei der seltene Gleichklang von Musik und Kunst erleben. Von Birnau führt ein empfehlenswerter Fußweg zum Kloster und Schloss Salem, der „Prälatenweg". Das im 12. Jahrhundert gegründete Zisterzienserkloster gehörte im Mittelalter zu den bedeutendsten Anlagen. Es wurde im Jahr 1803 aufgehoben, eine Besichtigung ist aber nach wie vor äußerst lohnend und in Gruppen möglich.

Eine wunderbare Lage hat auch die Stadt Überlingen, die diesem Teil des Bodensees ihren Namen gegeben hat. Immer wieder wird sie als Kur- und Kneippzentrum beschrieben, weil es hier seit altersher eine Mineralquelle gibt. Heute ist es die **Bodensee-Therme**, die dem Kur- 35 Kultur gast jeglichen Komfort einer modernen Therme bietet.

Aber auch außerhalb des Wassers ergeben sich in Überlingen viele Möglichkeiten zum Genießen. Etwa die lange, besonders schöne Uferpromenade mit dem ehemaligen Kornhaus, dem Greth-Gebäude, den verschiedenen Schiffsanlegestellen, von denen man den kleinen Überlingersee mit der Insel Mainau oder auch den großen Obersee befahren kann. Diese Promenade hat zum Ruf von Überlingen als „Nizza am Bodensee“ beigetragen. Dann die schöne Altstadt, die einen Rundgang lohnt, bei dem man auch das Überlinger Münster mit dem viergeschoßigen Holzschnitzaltar von Jörg Zürn besuchen kann. Nicht versäumen sollte man den Markttag in Überlingen, wenn die farbenprächtigen Stände malerisch die Hofstatt säumen, auch nicht einen Spaziergang zum Städtischen Museum über der Stadt, das im ehemaligen Patrizierhaus des Medicus Reichlin untergebracht ist, einer der schönsten Anlagen am Bodensee. Schließlich lohnt es, im Mai oder Juli zu einer der beiden prunkvollen „Schwedenprozessionen“ in die Stadt zu kommen, die an die Belagerung der Stadt durch die Schweden im Dreißigjährigen Krieg erinnern.

In Überlingen begegnen wir auch dem berühmtesten Bodenseegedicht: Überliefert ist, dass der Elsässer Postvogt Andreas Egglisperger am 5. Januar 1573 mit seinem

Heiliger Johannes in der Klosterkirche Münsterlingen

Ross den zugefrorenen Bodensee nach Überlingen überquerte. Dieses Ereignis greift Gustav Schwab (1792–1850) in seinem Gedicht „Der Reiter und der Bodensee" auf – einem Gedicht mit tragischem Ausgang. Danach wollte ein Reiter an den Bodensee, um ihn im Schiff zu überqueren. Erst nach langem Ritt durch einsame, schneebedeckte Ebene machte ihn ein Mädchen darauf aufmerksam, dass er eben über den zugefrorenen See geritten sei, worauf er, vom Schrecken gerührt, tot vom Pferd fiel. Der „Ritt über den Bodensee" wurde sprichwörtlich für ein Unternehmen, dessen Gefahren man erst im Nachhinein erkennt. Dieser Ritt war nur möglich, da der gesamte Bodensee zugefroren war. Dieses als „Seegfrörne" bekannte Naturschauspiel soll sich am Bodensee bisher 35 Mal ereignet haben. Die früheste durch Chronisten aufgezeichnete „Gfrörne" war im Jahr 875, jedoch gibt es erst seit dem 13. Jahrhundert verlässlichere Quellen. Die letzte **„Seegfrörne"** war im Jahre 1963 – und noch gut kann ich mich erinnern, dass wir zwischen Bregenz und Lindau mit Tausenden von Menschen zu Fuß und mit Autos den See überquert haben, sogar ein Flugzeug ist auf dem Eis gelandet. 36 Natur

Eine besondere Ehre wurde dem Wein- und Kurort Überlingen im Jahr 2004 zuteil: Die Stadt wurde zur „Città Slow", zur „Langsamen Stadt" ernannt, womit man besonders gastfreundliche und mit entsprechenden Gaststätten ausgestattete Gemeinden auszeichnet. Noch eine Ehrung: In einer Expertise von McKinsey wurde ermittelt, dass in Überlingen die zufriedensten Deutschen wohnen. Dazu tragen wohl auch die Gasthäuser bei. Den **„Ochsen"** und das **„Bürgerbräu"** findet man in fast allen Gastrobüchern, den einen mit Hinweis auf gediegene regionale Küche, das andere als Sitz eines experimentierfreudigen „Jungen Wilden" . Ein Besuch lohnt sich bei beiden. 37 Kulinarik

Man kann aber nicht an Überlingen denken, ohne von Martin Walser zu reden. Ob ich Heinrich Seuse kenne, frage er mich. Schon, meinte ich, aber halt nicht ganz so gut, eher nur den Namen. Unmöglich sei das, meinte Kultur 38 Walser, unmöglich, denn: „**Heinrich Seuse** ist der größte Dichter des Bodensees." Aber er sei nicht nur Dichter, sondern vor allem Mystiker gewesen. Auch in seinem Bodensee-Buch „Heimatlob" hat Walser Heinrich Seuse ein Denkmal gesetzt und meint, er sei „der Ausbund und Inbegriff dieser Gegend". Für mich ist Martin Walser – zumindest, was die Literatur betrifft – der Inbegriff des Bodensees. Der See hat ihn, hat seine Literatur nie verlassen. Im November 2011 hatte er in Bregenz eine Lesung aus seinem neuesten Roman „Muttersohn", und auch da war immer wieder der See dabei.

Gegenüber von Überlingen liegen nebeneinander zwei besonders interessante Naturgegebenheiten: der Teufelstisch und die Marienschlucht. Als Teufelstisch bezeichnet man eine Felsnadel, die in der Nähe von Wallhausen etwa 50 Meter vom Ufer entfernt knapp unter der Wasseroberfläche – je nach Wasserstand einen bis drei Meter darunter – als Platte zu erkennen ist, von dort aber 90 Meter senkrecht in die Tiefe fällt. Diese außergewöhnliche Säule zieht – wie eine begehrte Kletterwand in den Bergen – seit Jahrzehnten Taucher an, gilt aber als besonders gefährlich, was auch einige tödliche Tauchunfälle bestätigen. Seit 1994 ist das Tauchen am Teufelstisch deshalb verboten und nur mit Sondergenehmigung möglich.

Die Marienschlucht ist ein Einschnitt zwischen Felsen, der ganz in der Nähe des Teufelstisches das Ufer des Überlingersees erreicht. Ihren Ausgang nimmt die Marienschlucht bei der zerstörten mittelalterlichen Burg Karg-egg auf dem Bodanrück. Ein Bach hat die Schlucht über die Jahrtausende in den Fels gegraben, heute führen Holzstege und Brücken über manche Stellen, wobei man zwischen bis zu 30 Meter hohen Felsen nach unten geht. Die Marienschlucht ist zu einem touristischen Anziehungspunkt ersten Ranges geworden, bis zu 150.000 Besucher pro Jahr werden gezählt.

Weit mehr Besucher, nämlich bis zu zwei Millionen jährlich, kommen auf die **Blumeninsel Mainau**, einen der touristischen Höhepunkte nicht nur am Überlingersee, sondern am ganzen Bodensee. Ein Schiffsausflug auf die Mainau ist beispielsweise aus Vorarlberg ein fix eingeplantes Firmungs-Ritual. Die Mainau hatte eine bewegte Geschichte, gehörte ursprünglich zur Abtei Reichenau und wechselte immer wieder die Besitzer, bis sie im Jahr 1930 durch Erbschaft dem mit dem schwedischen Königshaus verwandten Grafen Lennart Bernadotte zufiel. Er war es, der die Mainau aufgrund ihres tropischen bis subtropischen Klimas in ein Blumenparadies verwandelte: Im April und Mai sind es die Orchideen mit Tulpen und Narzissen, im Mai und Juni die Rhododendren und Azaleen, von Juni bis Oktober ist es vor allem der Rosengarten und von September bis Oktober sind es die Dahlienhügel, die die Besucher anziehen. Dazu kommen noch das Palmen- und das Schmetterlinghaus, die die Blumenpracht ergänzen. Ob der vielen Blumen sollen aber nicht das barocke Schloss und die Kirche, beide Mitte des 18. Jahrhunderts von Giovanni Gaspare Bagnato erbaut, vernachlässigt werden. Wahrzeichen der Mainau ist das „Schwedenkreuz", das neben der Brücke im Wasser steht, über die man vom Land auf die Mainau kommt. Im Dreißigjährigen Krieg soll die bronzene Kreuzigungsgruppe durch die Schweden versenkt, später aber wieder gehoben worden sein.

39 Natur

Maultaschen mit Spinatfülle

Rezepte für Maultaschen gibt es fast so viele wie Steine am Bodenseeufer. So ist es schwierig, ein allgemein gültiges Rezept vorzuschlagen. Wir machen das, indem wir uns an das empfehlenswerte Buch „Kochen am Bodensee“ von Rosemarie Hescheler halten. Sie hat fast vierzig Jahre lang Kochkurse für die Volkshochschule Friedrichshafen gehalten.

Maultaschen (für vier Personen)

* 300 g Mehl
* 50 g Nudelgrieß
* 3 Eier
* 1/4 TL Salz
* 1 EL Öl
* 1 EL Wasser

Spinatfülle

* 1,5 –2 l Fleisch- oder
Gemüsebrühe
Mehl zum Ausrollen
30 g Butter
altbackenes Brot (3 kleine Wecken oder 4 Semmeln)
* 1/4–1/2 l heiße Milch
* 1 EL Butter
* 1 Zwiebel, fein gewürfelt
* 300 g Spinat, blanchiert, ausgedrückt
* Salz, Pfeffer, Muskat
* 1 Knoblauchzehe, zerdrückt
* 1 Ei

***

Aus Mehl, Grieß, Salz, Eiern, Öl und Wasser einen geschmeidigen Teig kneten, abdecken und etwa 30 Minuten ruhen lassen.
Inzwischen die Fülle vorbereiten.
Danach Teig mit etwas Mehl zu vier Rechtecken dünn ausrollen. Teigplatten in Rechtecke von ca. 5 x 10 cm schneiden. Auf eine Hälfte der Rechtecke jeweils 2 TL der Füllung geben. Teigränder mit verquirltem Eiweiß bestreichen.
Die zweite Teighälfte über die Füllung klappen und Ränder gut andrücken.
Brot in Stücke schneiden mit Milch übergießen, ziehen lassen und wieder gut ausdrücken. Butter erhitzen, Zwiebelwürfel darin hell anrösten, Spinat zugeben und kurz mitdünsten, bis die Flüssigkeit verdampft ist. Ausgedrücktes Brot zugeben und damit vermengen. Masse abkühlen lassen, mit Salz, Pfeffer, Muskat und Knoblauch kräftig würzen. Zuletzt Ei einrühren.
Gemüsebrühe aufkochen, Maultaschen einlegen und bei reduzierter Hitze etwa 15 Minuten schwach kochen lassen. Inzwischen Zwiebelwürfel in erhitzter Butter anrösten.
Dann Maultaschen auf eine Platte schlichten und mit in Butter angerösteten Zwiebeln abschmälzen.
Eventuelle vorzügliche Resteverwertung: Gekochte Maultaschen in heißer Butter anbraten und dabei mit verquirltem Ei übergießen.

Rindsragout mit „suurem Moscht"

Der Thurgau ist ein landwirtschaftlicher Kanton – das Obst, aber auch die Viehhaltung ist typisch für dieses Land am Bodensee. Es gibt viele Gerichte, die diese thurgauischen Produkte in den Vordergrund stellen. Auch das Rindsragout beruht auf einem alten Rezept – mit modernen Ergänzungen.

* 800 g Rindsragout oder gut abgehangenes Rindfleisch, in kleine Würfel geschnitten
* 150 g Zwiebeln
* 50 g Sellerie
* 65 g gelbe Karotten
* 80 g Karotten
* 30 g grüner Lauch
* 7 g Salz
* 30 g Tomatenpüree
* 10 g Weißmehl
* 2 g Kurkuma-Pulver
* 300 ml Thurgauer Apfelwein
* 50 g Bouillon
* 3 g Beizgewürze (Peperoni-Pulver, Senfsamen, Koriander, Nelken, Lorbeerblätter, Ingwer, Zimt)

***

Zwiebeln und übriges Gemüse gleichmäßig in Streifen schneiden. Zwiebeln und Fleisch in Butterschmalz dünsten, bis sich ein sirupartiger Saft gebildet hat. Gemüsestreifen und Tomatenpüree beifügen und ebenfalls mitdünsten. Mit Mehl und Kurkuma stäuben und mit Apfelwein und Bouillon aufgießen. Beizgewürze im Tee-Ei mitkochen lassen. Übrigens: Beizgewürze muss man nicht selbst mischen, man bekommt sie auch beim Metzger.

Päpste, noch mehr Dichter, Künstler und Römer

Von Konstanz bis nach Bregenz

Im Jahre 2014 soll es in Konstanz ein großes 600-Jahr-Jubiläum geben: 1414 bis 1418 wurde hier das 16. Ökumenische Konzil der Kirchengeschichte, das Konstanzer Konzil, abgehalten, womit das Schisma, die Spaltung der Katholischen Kirche, beendet werden sollte. Gleich drei Päpste gab es damals, von denen jeder von sich behauptete, er sei der rechtmäßige: Johannes XXIII., Gregor XII. und Benedikt XIII. Am 11. November 1417 hieß es endlich „Habemus papam", als Oddo di Colonna nach dem Konklave im Konzilsgebäude von Konstanz bei der einzigen Papstwahl auf deutschem Boden zu Papst Martin V. gewählt und damit die Kirchenspaltung beendet wurde. Es war mehr ein politisches denn ein kirchliches Machtspiel, das in Konstanz geboten wurde.

Doch auch die Kirche demonstrierte in unrühmlicher Art ihre Kraft, vor allem gegenüber Jan Hus (1369–1415), dem Theologen aus Prag, der zeitweise auch Rektor der dortigen Universität war. Der leidenschaftliche tschechische Reformator, der gegen die Verweltlichung und den Besitz der katholischen Kirche und das Lasterleben des Klerus aufgetreten war, sollte sich auf dem Konzil von

Konstanz verantworten und der deutsche König Sigismund (1368–1437) hatte ihm freies Geleit versprochen. In Konstanz aber wurde er trotz der königlichen Zusage festgenommen und im Kloster auf der kleinen Dominikanerinsel (dem heutigen Inselhotel) qualvoll eingekerkert. Am Vormittag des 6. Juli 1415 wurde er vor die Vollversammlung des Konzils im Konstanzer Münster gezerrt und sollte dort seine Lehre widerrufen, was er ablehnte. Am Nachmittag des 6. Juli 1415 wurde Jan Hus auf dem Brühl, zwischen Stadtmauer und Graben, zusammen mit seinen Schriften verbrannt. Seine Asche wurde in den Rhein gestreut. Heute erinnert ein Gedenkstein auf dem mittelalterlichen Richtplatz in der danach benannten Straße „Zum Hussenstein“ daran. Auch Hieronymus von Prag (1365–1416), einer der Mitbegründer der hussitischen Bewegung, der Jan Hus zu Hilfe eilen wollte, wurde verhaftet und am 13. Mai 1416 in Konstanz verbrannt.

Das Konzil brachte Konstanz an den Rand der Belastbarkeit: Bis zu 50.000 Besucher dürften sich zeitweise in der damals etwa 6.000 Einwohner zählenden Stadt aufgehalten haben, darunter viele hochgestellte Persönlichkeiten, zeitweise Kaiser, Könige, verschiedene Päpste – und einige Tausend Freudenmädchen. Es war damit nicht nur die größte Versammlung des Mittelalters im Abendland, es war auch der Kongress mit den meisten Liebesdienerinnen. Darauf zielt auch die „Imperia“ an der Hafeneinfahrt von Konstanz, die vom Bildhauer Peter Lenk 1993 aufgestellt wurde. Gezeigt wird eine neun Meter hohe, in Beton gegossene, freizügig gekleidete Kurtisane, die auf der einen erhobenen Hand den Kaiser, auf der anderen den Papst trägt. Ein gedanklich einfacher Hinweis darauf, dass die Liebesdienerinnen in Konstanz hohe Politik gemacht hätten.

Kultur 40

Neben den Damen des ältesten Gewerbes kamen auch Sänger, Trompeter und Gaukler in die Stadt, 1.700 Spielleute sollen es nach Angaben des Chronisten Ulrich von Richental gewesen sein. Einer unter ihnen war herausragend: **Oswald von Wolkenstein** (1377–1445), der aus Südtirol stammende Ritter und Liedermacher, der im Auftrag des Bischofs von Brixen zum Konzil nach Konstanz kam, wo er – für jährlich 300 ungarische Gulden – in die Dienste König Sigismunds trat. Einerseits sollte er zwischen dem Tiroler Adel und dem römisch-deutschen König vermitteln, andererseits mit seinen Liedern für die königliche Unterhaltung sorgen. Während seiner Zeit in Konstanz soll Wolkenstein 30 bis 40 neue Lieder geschaffen haben, wobei ihn das Sprachgewirr des Konzils zu seinen vielsprachigen Textcollagen inspiriert haben dürfte. Seine Vielsprachigkeit war wohl auch Folge seines unsteten Lebens. Oswald von Wolkenstein, der einerseits neben Walther von der Vogelweide als bedeutendster Dichter des Mittelalters, andererseits als Begründer der modernen Literatur gilt, bereiste fast die gesamte damals bekannte Welt. Sicher aber hat Oswald von Wolkenstein an Konstanz und auch an dessen Frauen Gefallen gehabt, wie sein Konstanz-Gedicht „O wunnikliches paradis“ deutlich macht.

Konstanz steht heute nicht mehr im Blickpunkt der Weltpolitik, ist aber immer noch die größte und wichtigste Stadt am Bodensee. Allein die Lage am Seerhein, zwischen Obersee und Untersee mit Verbindung zur Mainau im Überlingersee, zeigt, wie sehr diese Stadt für den Bodensee steht. Konstanz grenzt unmittelbar an die Schweiz, der Übergang zum schweizerischen Kreuzlingen verläuft fließend. Müsste man nicht den Pass zeigen, so würde man nicht merken, dass man sich in einer anderen Stadt befindet. Diese Nähe hat Konstanz im Zweiten Weltkrieg sehr geholfen: Als nämlich die Alliierten Luftangriffe gegen Deutschland auch am Bodensee flogen, da verdunkelten die Konstanzer ihre Stadt nicht. Im Gegenteil, alle Lichter brannten, damit die Piloten nicht erkennen konnten, wo noch Kreuzlingen und wo schon Konstanz sei. So blieb die schöne Stadt am See von Zerstörung verschont und behielt ihr altes Stadtbild. Das Zentrum der Altstadt bildet der Hafen mit dem alten Lagerhaus aus dem 14. Jahrhundert, das heute Konzilsgebäude genannt wird. Diese Bezeichnung führt zu Missverständnissen, denn in dem Gebäude tagte das Konzil nur für drei Tage, nämlich zum Konklave vom 8. bis 11. November 1417, zur Papstwahl. Alle anderen Sitzungen des Konzils wurden im Münster abgehalten. Im imposanten Konzilsgebäude sind heute ein Veranstaltungszentrum und ein Restaurant untergebracht. Das Konzil und dieses Gebäude gaben auch den **„Konzil Köchen“** ihren Namen. Darunter versteht man einen Zusammenschluss von Köchen aus Konstanz und Umgebung, auch vom Untersee, Hegau und der Höri, zu denen man, wenn schon nicht essen, dann zumindest auf den jährlichen fulminanten Ball gehen sollte. 41 Kulinarik

Zentraler Punkt der Stadt ist das ursprünglich romanische Münster, das im 15. Jahrhundert gotisch umgestaltet wurde. Eine Besteigung des 76 Meter hohen Turms ist zu empfehlen, die Aussicht über die Stadt ist großartig. Durch den Schweizer Reformator Ulrich Zwingli wurde das Münster seiner ursprünglich opulenten Ausstattung beraubt, der Kirchenraum und der zum Teil erhaltene Kreuzgang sind aber noch heute beeindruckend. Man sollte nicht versäumen, in den ältesten Bauteil, die Krypta, hinabzusteigen. Dort sind die „Konstanzer Goldscheiben“, vier feuervergoldete Kupferarbeiten, ausgestellt. Vor allem die zwei Meter große Majestas-Domini-Scheibe, jene des majestätischen Christus, ist ein unvergleichliches Kunstwerk aus dem 10. Jahrhundert.

Seiner Rolle als zentrale Stadt am See wird Konstanz auch durch das Bodensee-Naturmuseum in der Nähe des Hafens gerecht. Von der Entstehung des Sees bis zu den Lebensräumen heutiger Zeit bietet das Museum beste Information. Es ist angeschlossen an das wichtigste Muse-
Kultur 42 um, das **Rosgartenmuseum** im Zentrum der Altstadt. Hier findet man Zeugnisse zur Kunst- und Kulturgeschichte des ganzen Bodenseeraumes, von der Pfahlbaukultur bis ins 20. Jahrhundert.

Im Jahr 1966 wurde in Konstanz die Reformuniversität gegründet, die einzige Universität direkt am Bodensee. Sie ist eine Campus-Universität außerhalb der Stadt von bemerkenswerter Architektur, an der Straße zur Insel Mainau. Beim Wettbewerb zu Kunst und Bau konnte sich auch der am anderen Ende des Sees wohnende Bregenzer Künstler Gottfried Bechtold durchsetzen – unter anderem mit seinem berühmten „Betonporsche“. Die Universität bietet drei Sektionen, eine mathematisch-naturwissenschaftliche, eine geisteswissenschaftliche und eine für Politik, Recht und Wirtschaft. Die Uni Konstanz genießt einen guten Ruf – und hat trotzdem kaum Studenten aus den anderen Bodensee-Anrainerstaaten, was angesichts der Nähe und auch der Qualität unverständlich ist.

Geschichte 43 Das **Archäologische Landesmuseum** Baden-Württemberg ist eine der ganz jungen Museumsgründungen am Bodensee. 1990 fasste die Landesregierung den Beschluss zur Gründung und begann mit einer Außenstelle im ehemaligen Benediktinerkloster Petershausen. Das Museum wurde laufend erweitert und ist seit 2010 keine Außenstelle mehr, sondern ein eigenständiges Museum mit sechs Zweigmuseen. In diesem Museum finden sich auch die Fundstücke der spätrömischen Festung Constantia. Anlässlich der Neugestaltung des Münsterplatzes in den Jahren 2003 und 2004 konnte der Bereich, in dem sich das römische Kastell befand, vom Landesmuseum archäologisch genau untersucht werden – mit sensationellen Ergebnissen. Vermutet wurde hier schon früher vieles, nun gab es reichhaltige Funde, die bisherige Annahmen belegten.

Ich war noch nie, so glaube ich, in Konstanz, ohne in die **Osiandersche Buchhandlung** in der Kanzleistraße 44 Kultur zu schauen. Denn erstens ist die Buchhandlung eine Freude, weil sie ganz generell äußerst gut sortiert ist (man merkt, dass es in Konstanz eine Universität gibt), zweitens finden sich hier immer alle aktuellen Neuerscheinungen zum Bodensee. Und die alten Titel sowieso.

Das Schweizer Kreuzlingen stand immer im Schatten der großen Schwester Konstanz. Bemerkenswert sind dort das ehemalige Augustinerstift, erbaut vom Vorarlberger Barockbaumeister Michael Beer, und das Seemuseum. Am Schweizer Ufer gehen wir weiter am Seerhein in Richtung Untersee, nach Gottlieben, einem pittoresken Ort voll von Fachwerkhäusern wie der „Drachenburg" oder dem „Waaghaus". Gottlieben ist einen Spaziergang wert, am Ufer entlang zwischen den alten Häusern, gegenüber dem Naturschutzgebiet Wollmatinger Ried. Bekannt ist der Ort nicht zuletzt durch die „Gottlieber Hüppen", eine süße Köstlichkeit, die seit 1938 von der örtlichen Waffelmanufaktur hergestellt werden. Die „Hüppen" sind Hohlhippen, die mit – streng geheim fabrizierten – Füllungen versehen und in buntem Papier verpackt werden. Trotz solch kulinarischer Ausflüge sollte man einen Besuch im **Bodman-Haus** 45 Kultur nicht versäumen. Mit der Eröffnung dieses Hauses wurde in Gottlieben eine Gedenkstätte für den Schrift-

steller Emanuel von Bodman (1874–1946) geschaffen, der Anfang des 20. Jahrhunderts die Bodenseeregion als Lebensmittelpunkt wählte. Wir gehen weiter am schweizerischen Untersee, vorbei unter dem Salenstein, dem Arenenberg und dem Napoleonmuseum (siehe Seite 20), und kommen in den kleinen Ort Berlingen. Dort findet sich in
Kultur 46 der Seestraße 31 das **Haus des großartigen Malers Adolf Dietrich** (1877–1957), den manche Kenner als naiven, manche als Künstler der Neuen Sachlichkeit bezeichnen. Er wurde in diesem Haus geboren und hat zeitlebens hier gewohnt. Dietrich zählt zu den bedeutendsten Schweizer Malern des 20. Jahrhunderts.

Wo der See immer mehr zum Fluss wird, kommen wir zur Insel Werd (siehe Punkt 7), dann hin zur schönsten mittelalterlichen Stadt am Bodensee, nach Stein am Rhein. Das Städtchen liegt am Ende des Untersees, dort, wo der Rhein als Hochrhein den See verlässt und dem Rheinfall bei Schaffhausen zuströmt. (Siehe Seite 30.) Stein am Rhein ist die am besten erhaltene Stadt der Schweiz, hier könnte man ohne jede Veränderung einen Film über ein Grimmsches Märchen drehen. Die Hauptstraße zwischen Obertor, Rathausplatz und Untertor ist gesäumt von alten, bemalten Häusern, kaum ein Gebäude ohne ins Auge stechende Fassadenmalerei. Man weiß gar nicht, wo man mit Schauen beginnen soll. In jedem Fall aber sollte man ins ehemalige Benediktinerkloster und in die Klosterkirche St. Georg aus dem 12. Jahrhundert schauen, in den schönsten romanischen Raum am Bodensee. Es gibt nur diese Kirche und die romanischen Kirchen auf der Insel Reichenau, die ein solch intensives Raumerlebnis möglich machen. (Siehe Punkt 11.)

Beim Rheinfall bei Schaffhausen erinnert man sich an Johann Wolfgang von Goethe. Immer kam er bei seinen

Schweizer Reisen auch zum Rheinfall. Aber auch bei seiner ersten „Italienischen Reise" kam Goethe an den See. Er trat den Rückweg von Italien mit dem „Lindauer Boten", einem Transportdienst zwischen Lindau und Mailand an, der immerhin 500 Jahre (von 1322 bis 1824) durchgeführt wurde, und nächtigte am Montag, 12. Juni 1788, im Gasthaus „Krone" in Fußach. Hartnäckig hält sich eine Falschmeldung zu Goethe und dem Bodensee: Er habe hier sein Gedicht „Auf dem See" geschrieben. Das ist nicht richtig, auch wenn es der „Baedeker" so festhält, auch wenn es in anderen Anthologien so steht. Dieses Gedicht hat Goethe 1775 am Zürichsee geschrieben – allerdings so, dass es für jeden See Gültigkeit hat.

Nach der „Wende" bei Stein am Rhein geht es auf die deutsche Seite des Untersees, an das vielleicht „kunstschwangerste" Ufer des Bodensees, vorerst in das Dorf Wangen. Als „Wangener Malerpoet" wird Bruno Epple (geboren 1931) wegen seiner Doppelbegabung oft bezeichnet. Er sieht das auch so, wenn er feststellt: „Die Schriftsteller sehen in mir einen beachtlichen Maler, die Maler in mir einen beachtlichen Schriftsteller." Epple ist ein Dichter des Alemannischen. Ganz wunderbar hat er das – neben anderen Belegen – bewiesen, indem er das um 840 entstandene berühmte lateinische Gedicht des Abtes Walahfrid Strabo, „Lob der Reichenau", mit altem Versmaß und viel Gespür für Sprache und Landschaft ins Alemannische übertrug. Es ist eine Heimweh-Ode Walahfrid Strabos, die immer mehr zu einem Lobpreis der Reichenau wird. Bruno Epple hat damit die Sprache des 9. Jahrhunderts in ein Verständnis für die Menschen um den ganzen Bodensee gebracht – denn diese ganze Region spricht noch heute das Alemannische.

Ein paar Minuten weiter am See hatte sich Otto Dix

(1891–1969) nach seiner Entlassung als Professor an der Dresdner Kunstakademie durch die Nationalsozialisten niedergelassen. 1933 kam er an den See, ab 1936 wohnte er bis zu seinem Tod in seinem Haus in Hemmenhofen Kultur 47 hoch über dem See, das von einem Verein als **Dix-Museum** zugänglich gemacht wurde. Dix gilt als einer der ganz großen Zeichner des deutschen Realismus, ohne Beispiel ist sein Radierzyklus mit 50 Arbeiten auf den Ersten Weltkrieg, „Der Krieg". Dix wurde von den Nazis verfemt und 1937 in der berüchtigten Ausstellung „Entartete Kunst" gebrandmarkt. Ungeachtet solcher Diffamierung zählte Otto Dix auch nach dem Zweiten Weltkrieg zu den großen Künstlern Deutschlands, nicht zuletzt wurde er zum Maler der Landschaften des Hegau und vor allem der Halbinsel Höri, wo er seine neue Heimat gefunden hatte.

Ein anderer großer deutscher Maler, der von den Nazis verfolgt wurde, kam zum Ende der Naziherrschaft nach Hemmenhofen: Erich Heckel (1883–1970). Heckel war durch seine Zugehörigkeit zur Künstlergruppe „Die Brücke" mit Künstlern wie Ernst Ludwig Kirchner, Max Pechstein oder Emil Nolde verbunden und war schon bekannt, als er an den Bodensee kam. Auch Heckel wurde bei der „Entarteten Kunst" gezeigt, auch Heckel hatte Ausstellungsverbot. Als 1944 sein Atelier in Berlin den Bomben zum Opfer fiel, suchte er Zuflucht am Bodensee, wo er bis zu seinem Lebensende blieb, obwohl er sich auch immer wieder in Norddeutschland und im Oberengadin aufhielt.

Einen Steinwurf weiter am Untersee liegt das Dörfchen Gaienhofen, auch auf der Halbinsel Höri, die nicht zu Unrecht „Künstlerwinkel" genannt wird. Hier wohnte von 1904 bis 1912 der wohl bekannteste Dichter am Bodensee, Kultur 48 **Hermann Hesse** (1877–1962). Als 1904 sein Roman „Peter Camenzind" erfolgreich erschien, konnte er als freier Autor leben. Er suchte das Landleben und kam nach Gaienhofen, erst in einen einfachen Bauernhof, nach einem Jahr aber ließ er sich ein eigenes Haus bauen. Acht Jahre lebte Hermann Hesse am Bodensee. Es waren für ihn literarisch ertragreiche Jahre, für den Bodensee war es ein Glücksfall. Denn Hesse fing die Stimmungen am See immer wieder in Gedichten und Erzählungen ein – so, wie kaum ein anderer Bodensee-Dichter. Hesse lebte in Gaienhofen mit seiner Frau, drei Söhne kamen hier zur Welt, aber die Ehe zerbrach. Hesse ging nach Indien, dann kam der Erste Weltkrieg. Schließlich ließ er sich im Tessin nieder. Sein Haus in Gaienhofen wurde zum Ziel für Interessierte, besonders schön sind die im Museum gezeigten Fotografien aus dem Leben Hermann Hesses in Gaienhofen.

Über die Höri erreichen wir den Zeller See, benannt nach Radolfzell, das den Namen von Bischof Radolf von Verona ableitet, der hier im 9. Jahrhundert die zur Abtei Reichenau gehörende „Radolf-Zelle" gründete. An dem Ort, wo die Zelle war, steht heute das Münster von Radolfzell mit dem Grab des Heiligen. Ein Rundgang durch die Altstadt lohnt sich, es finden sich noch viele Patrizierhäuser, unter anderem auch das „Österreichische Schlösschen", das an die Habsburger-Herrschaft am Untersee erinnert. Einen Besuch von Radolfzell sollte man sich so einteilen, dass man am Montag nach dem dritten Juli-Sonntag kommt, denn dann findet die traditionelle „Mooser Wasserprozession" mit blumen- und girlandengeschmückten Booten zu Ehren lokaler Heiliger statt, die über den See von Moos auf der Höri nach Radolfzell führt.

Unverzichtbar ist auch ein Besuch auf der Halbinsel Mettnau, die südlich von Radolfzell in den Untersee reicht. Dort gibt es nicht nur berühmte Kur- und Gesundheitszentren, sondern auch Naturschutzgebiete und nicht zuletzt das Scheffel-Schlösschen, das heute Verwaltungssitz des Kurbetriebes ist. Den Namen trägt es nach dem Dichter Joseph Victor von Scheffel (1826–1886), dem „Lieblingsdichter des deutschen Bildungsbürgertums“, der vor allem durch seinen großen Roman „Ekkehard“ (nach einem Mönch der Abtei Reichenau) Bedeutung erlangte. Höhere Bekanntheit aber haben ihm viele seiner Studentenlieder gebracht, allen voran „O alte Burschenherrlichkeit“ oder „Als die Römer frech geworden“.

„Vulkan- und Burgenland am westlichen Bodensee“ nennt sich der Hegau, das Hinterland von Radolfzell. Einer der bekanntesten Vulkankegel ist der Hohentwiel (nach ihm ist auch der letzte Raddampfer am See benannt, siehe Seite 59), der Berg über der Stadt Singen. Gerade einmal 686 Meter hoch, ist er durch die größte Festungsruine Deutschlands bekannt, die auch im „Ekkehard“ Viktor von Scheffels eine wesentliche Rolle spielt. Noch berühmter ist der Hohentwiel aber als einer der besonderen Aussichtsberge am Bodensee. In Prospekten spricht die Werbung von der „schönsten Aussicht in Baden-Württemberg“. Von der ehemaligen Festung sind nur noch Teile erhalten, genug allerdings, um einen guten Eindruck zu bekommen.

Wieder am See zurück, geht es am Ufer des Gnadensees entlang, vorbei an der Insel Reichenau, der Insel des heiligen Pirmin und des Dichter-Abtes Walahfrid Strabo, auf der die wunderbaren romanischen Kirchen stehen (siehe Seite 36). Wir kommen zurück nach Konstanz, dann über die Grenze in die Schweiz nach Kreuzlingen und tauchen ein in die thurgauische Bodenseelandschaft. Am Ufer steht der prächtige Bau des ehemaligen Klosters Münsterlingen. Das Benediktinerinnenkloster wurde Anfang des 18. Jahrhunderts neu erbaut – einmal mehr von einem Vorarlberger Barockbaumeister, nämlich von Franz Beer. Wie so viele Klöster wurde auch Münsterlingen 1848 aufgehoben, heute ist eine psychiatrische Klinik im Kloster untergebracht. Die Kirche besitzt eine bemerkenswerte Barockausstattung. Derzeit ist sie Standort der Büste des Heiligen Johannes, jener Figur, die in den seltenen Wintern der „Seegfrörne“ (siehe Seite 95) in einer Prozession über den See getragen wird. Dies war zuletzt am 9. Februar 1963 der Fall, und so wurde der heilige Johannes aus der Kirche von Hagnau in jene von Münsterlingen gebracht. Hier bleibt er, bis der See wieder einmal zugefroren ist und die Statue wieder über den See in die Hagnauer Kirche getragen wird.

Bekannt geworden ist die Gemeinde Kemmental, wenige Kilometer landeinwärts zwischen Kreuzlingen und Münsterlingen. Hier hat nämlich der jüngste Formel-1-Doppelweltmeister aller Zeiten, der Deutsche Sebastian Vettel, der im österreichischen Rennstall von Red Bull fährt, seinen Wohnsitz genommen. Nicht ganz ohne Zwischenfälle, denn entgegen seinen Wünschen musste er auf einen eigenen Tennisplatz und Swimmingpool verzichten, dafür darf er einen Zaun um sein Haus stehen lassen.

Vom See sollte man immer wieder Abstecher in das vielfältige thurgauische Hinterland machen, in dem es viel zu entdecken gibt. Verschiedenste Rundwanderwege, Themenwege oder Lehrpfade kann man zu Fuß oder mit dem Fahrrad erkunden. Natürlich findet man auch den Jakobsweg, der von Konstanz und Kreuzlingen durch den Thurgau Richtung Kloster Einsiedeln führt. Hier begegnen wir neuerlich einem Vorarlberger Barockbaumeister: Das riesige Kloster mit der Kirche wurde nach Plänen von Caspar Moosbrugger erbaut. Es ist wichtiger Punkt des

Jakobsweges, aber mit seiner „Schwarzen Madonna“ auch selbst seit Jahrhunderten Ziel von Wallfahrten.

Natur 49 Zwei **Jakobswege** führen über den westlichen Bodensee, beide beginnen in Wald in Baden-Württemberg, führen ein Mal über Stockach, Bodman nach Konstanz, ein anderes Mal über Pfullendorf nach Überlingen, über den See nach Dingelsdorf und dann wieder über Konstanz nach Einsiedeln. Ein anderer Jakobsweg geht am östlichen See entlang, von München kommend nach Lindau, Bregenz und dann über St. Gallen nach Einsiedeln.

Der Thurgau, das Dreieck zwischen Kreuzlingen, Arbon und Frauenfeld, ist eine besondere Landschaft, eingebettet zwischen Bodensee und Alpen, durchflossen vom namengebenden Fluss Thur, voll von Obstbäumen. Nicht nur die kleinen, gezüchteten, vor allem die seltenen Hochstämmer findet man hier. (Siehe Seite 19.) Und weil es so viel Obst gibt, gibt es alljährlich auch eine Apfelkönigin. Die wird im Thurgau gewählt wie andernorts die Weinköniginnen, denn der Apfel ist hier wichtig, wiewohl auch der Wein nicht zu kurz kommt, weder im Anbau, noch im Genuss. Und natürlich gibt's noch den Käse. Die Thurgauer Küche ist deshalb nicht nur vielseitig, sie ist auch weitum gerühmt. Wer besonderes Essen möchte,
Kulinarik 50 kann das am See bekommen. Einmal im **„Seegasthof Schiff“** am Hafen in Kesswil mit wunderbarer Seeterrasse, wo immer genau angegeben wird, von wo und wem die Produkte geliefert werden. Und die kommen natürlich alle aus dem Thurgau. Oder man kehrt im nahen Altnau im **„Schäfli“** bei Urs Wilhelm ein, dem Gourmetpapst Wolfram Siebeck „Bratenrockgemütlichkeit mit Backpfeife“ bescheinigt hat.

Arbor felix (glücklicher Baum) nannte sich die römische Siedlung am Bodensee, das heutige Arbon. Viel

Römisches ist nicht mehr zu sehen, auf dem ehemaligen Kastell steht heute das Schloss mit seinem markanten Turm. Die heutige Form erhielt es Anfang des 16. Jahrhunderts, seit 1945 gehört es der Stadt und ist Sitz des historischen Museums. Gleich daneben steht die Galluskapelle aus dem 12. Jahrhundert. Der heilige Gallus, der irische Glaubensbote für den östlichen Bodensee, auf den das Kloster in St. Gallen zurückgeht, starb um 640 in Arbon. Arbon hat einen hübschen alten Kern und eine großzügige Uferpromenade. Wirklich bedeutend aber war hier immer die Industrie – vor allem durch die Saurer-Werke. In der Stadt ist die Omnipräsenz dieses Unternehmens merklich. Heute vor allem im **Saurer Museum**, in dem die ersten Stickmaschinen ebenso zu sehen sind wie die frühen Saurer-Autos, Postbusse und Feuerwehrfahrzeuge. 51 Geschichte

Aus Rorschach bezieht die Stadt St. Gallen ihr Trinkwasser aus dem Bodensee – und irgendwie ist Rorschach noch immer so etwas wie der Hafen von St. Gallen. Was tatsächlich einmal so war, zu Zeiten, als St. Gallen noch vom Kloster bestimmt war. Das Koster verlieh Rorschach Markt- und Münzrechte, über Rorschach und seinen Hafen verliefen die Handelswege. Mit Auflösung des Klosters St. Gallen im Jahre 1805 ging Rorschach an den Kanton St. Gallen über – der Bezugspunkt aber blieb St. Gallen. Und Mittelpunkt immer der Hafen, von dem aus auch heute noch die Schiffe der „Weißen Flotte“ über den See fahren. Beliebtes Ausflugsziel anderer Bodenseestädter ist Rorschach auch, weil von hier eine Zahnradbahn auf den Berg zum Kurort Heiden führt. Die Lage von Heiden über dem Bodensee ist außerordentlich, das Heilbad beliebt. Bekannt ist Heiden auch durch Henri Dunant (1828–1910), den Gründer des Roten Kreuzes, der von 1887 bis zu seinem Tod dort lebte.

Von Rorschach muss man weiter ins Landesinnere nach St. Gallen fahren. Der ganze Klosterbereich, die Kirche und vor allem die Stiftsbibliothek (siehe Seite 35) gehören zum Pflichtprogramm eines Besuchs am Bodensee. Neben der Abtei Reichenau war es vor allem das Kloster von St. Gallen, das das Kultur- und Geistesleben im Bodenseeraum über Jahrhunderte geprägt hat. Ebenso war die Textilindustrie von Bedeutung und brachte der Stadt früh Wohlstand. Schließlich trug auch die Stickerei mit dem Aufkommen der Stickmaschinen – hergestellt nicht zuletzt von den Saurer-Werken in Arbon – wesentlich zum wirtschaftlichen Erfolg St. Gallens bei. Wichtig für die Stadt war die Gründung der Hochschule für Wirtschafts- und Sozialwissenschaften Anfang der sechziger Jahre des 20. Jahrhunderts, womit St. Gallen kurz vor Konstanz zur ersten Hochschulstadt in der Bodenseeregion wurde. Bemerkenswert war nicht nur die Architektur der Hochschule, sondern vor allem die künstlerische Ausgestaltung. Werke von Jean Arp, Georges Braque, Joan Miró, Alexander Calder, Alberto Giacometti und Antoni Tàpies sind – neben anderen – über das Hochschulgelände verteilt.

Von St. Gallen ist es nicht weit zum höchsten Aussichtsberg am Bodensee, zum Säntis. Mit 2.502 Metern ist er im Alpstein und am See allgegenwärtig. Man sieht ihn von fast überall am Bodensee – und man sieht von ihm nicht nur den ganzen Bodensee, sondern weit darüber hinaus bis ins Schwäbische. Manche meinen, vom Gipfel aus auch das Ulmer Münster gesehen zu haben. In sechs Länder kann man ganz sicher sehen: Schweiz, Deutschland, Österreich, Liechtenstein, Frankreich und Italien. Allein die Fahrt mit der Seilbahn, in zehn Minuten von der Schwägalp auf den Gipfel, ist ein Erlebnis.

Aus der Schweiz kommen wir in jenes Land, das den

geringsten Uferanteil am Bodensee hat, ins österreichische Bundesland Vorarlberg. Gleich nach der Grenze beginnt das flächenmäßig größte Naturschutzgebiet von europäischem Rang am Bodensee, das Rheindelta. (Siehe Seite 69.) Ein Unterschied zu den bisherigen Spaziergängen am deutschen und schweizerischen Ufer fällt auf: Mit Ausnahme der Schutzgebiete kann man von der Schweizer Grenze über Fußach, Hard, Bregenz und Lochau bis zur Leiblach, der Grenze zwischen Deutschland und Österreich, immer am See gehen. Das österreichische Ufer ist – im Gegensatz zum schweizerischen und deutschen – überall frei zugänglich, dort herrscht schlicht Bauverbot und ein Privatgrundbesitz ist nicht möglich. Das ist ein markanter Vorteil des Vorarlberger Abschnitts am Bodensee. Seit Jahren bemüht man sich in Deutschland und der Schweiz, das Rad zeitlich zurückzudrehen und möglichst frei zugängliche Uferzonen zu schaffen. Private Bauten im Uferbereich werden praktisch nicht mehr gestattet.

Der landschaftlich markanteste Punkt am österreichischen Ufer ist die Mündung des Neuen Rheins in den Bodensee, die Vorstreckung des Rheindamms. (Siehe Seite 28.) Denn der Rhein ist ja nicht nur Grenzfluss zwischen Österreich und der Schweiz, sondern durchaus auch verbindendes Element zwischen den Gemeinden diesseits und jenseits. Am auffallendsten ist das wohl zwischen Au in der Schweiz und Lustenau in Österreich, ließe sich aber am Alpenrhein ebenso zwischen Diepoldsau und Hohenems oder Oberriet und Koblach belegen. Wahrscheinlich ist die – heute weitgehend gebannte – Gefahr, die der Rhein durch Überschwemmungen immer wieder gebracht hat, mit ein Grund für solches Zusammenrücken.

Der südöstlichste Teil des Obersees, die Bregenzer Bucht, hat ihren Namen von Vorarlbergs Hauptstadt.

Schon früh, 500 vor Christus, siedelten hier, im damaligen Brigantion, keltische Brigantier. 15 vor Christus eroberten die Stiefsöhne des römischen Kaisers Augustus, Tiberius und Drusus, das Gebiet um den Bodensee, das römische Brigantium wurde als Kastell ausgebaut. Brigantium ist inzwischen weitgehend erforscht, erste Ausgrabungen wurden bereits Ende des 19. Jahrhunderts vom Industriellen Samuel Jenny durchgeführt und dokumentiert. Weitere folgten im vergangenen Jahrhundert durch das Vorarlberger Landesmuseum, noch im Herbst 2011 wurden letzte Forschungsergebnisse vorgelegt. Bisher wurden wichtige Funde aus Brigantium im Vorarlberger Landesmuseum ausgestellt, das Museum wird – nach Um- und Neubau – im Jahr 2013 wieder eröffnet.

Das neue Landesmuseum schaut sowohl zum See als auch in die Stadt, es steht am Bregenzer Kornmarkt, an dem früher tatsächlich mit Korn gehandelt wurde. Der Neubau soll eine wesentliche Erweiterung des Museums bringen, vielleicht auch eine neue architektonische Attraktion in Bregenz. Den internationalen Architektur-Wettbewerb konnte das Bregenzer Büro Cukrowicz/Nachbaur für sich entscheiden, zwei Architekten, die schon mehrfach auch mit Kulturbauten auf sich aufmerksam machen konnten. Unweit des Museums – lediglich durch das Landestheater getrennt, das im ehemaligen Kornhaus
Kultur 52 untergebracht ist – steht das **Kunsthaus Bregenz**, das seit seiner Eröffnung im Jahr 1997 Ziel vieler Architektur-Interessierter ist. Der Schweizer Architekt Peter Zumthor meint zu seinem Bau: „Von außen betrachtet wirkt das Gebäude wie ein Leuchtkörper. Es nimmt das wechselnde Licht des Himmels, das Dunstlicht des Sees in sich auf, strahlt Licht und Farbe zurück und lässt, je nach Blickwinkel, Tageszeit und Witterung, etwas von seinem

Innenleben erahnen." Mit dem Neubau des Landesmuseums soll auch der Kornmarktplatz vom Verkehr befreit und neu gestaltet werden, womit die „Kunstmeile" in Bregenz, der wichtigsten Kulturstadt am Bodensee, noch deutlicher gemacht wird.

Alle drei Gebäude, dazu die gelbe Post, ergeben vom nur durch Straße und Bahn getrennten Seeufer die „Sky-Line" von Bregenz. Dort, am Hafen, steht auch das alte Hafengebäude – das einzige, das am Bregenzer Hafen „alt" ist. Denn 2010 wurde der ganze Hafenbereich neu gestaltet, wurde ein neues, heftig umstrittenes Hafengebäude, die „Welle", errichtet, wurden die Hafenkanten neu geregelt und das ganze Gelände wesentlich großzügiger gestaltet. Besonders geschätzt werden die Sunset-Stufen, auf denen die Menschen bei gutem Wetter zu Tausenden direkt am Wasser den beeindruckenden Sonnenuntergang genießen. Vom Hafen erschließt sich auch die Seepromenade, an markantem Punkt am Ufer wurde von den Vorarlberger Illwerken eine Skulptur des Bregenzerwälder Bildhauers Herbert Albrecht aufgestellt. Weiter westlich geht man, immer am See entlang und vorbei am romantischen Fischersteg und dem „Wirtshaus am See", zum Festspielgelände. Auch hier wieder ein großer Platz vor dem neuen Festspielhaus, geplant vom Bregenzer Architekturbüro Dietrich/Untertrifaller, mit einer Skulptur des Vorarlberger Bildhauers Gottfried Bechtold im Zentrum. Der inzwischen weltweit geschätzten neuen Vorarlberger Architektur, die Ziel eines eigenen Architekturtourismus in Vorarlberg wurde, begegnet man im ganzen österreichischen Bodenseeraum. Im Architekturführer „Baukunst in Vorarlberg seit 1980", der vom Kunsthaus und vom **Vorarlberger Architekturinstitut** herausgegeben wurde, sind allein in Bregenz und den Nachbargemeinden etwa 100 Be-

53 Kultur

lege für besondere Architektur zu finden. Da Vorarlberg ein Land der „Häuslebauer“ ist, finden sich besonders viele Beispiele für außergewöhnlichen Wohnbau.

Bregenz hat sich ganz der Kunst und Kultur verschrieben, was durch die seit 1946 jeweils im Juli und August abgehaltenen **Bregenzer Festspiele** wesentlich gefördert wurde. In den vergangenen zwei Jahrzehnten haben die Festspiele den Schritt aus der Regionalität gemacht und sind zum international beachteten und gefeierten Festival geworden. Hauptspielort ist die Bregenzer Seebühne, die größte Freilichtbühne der Welt, auf Pfählen im See errichtet, auf der die großen Inszenierungen – 2012 Umberto Giordanos „André Chénier“, 2013 und 2014 Mozarts „Zauberflöte“ – gezeigt werden. Jährlich werden die Bregenzer Festspiele von rund 200.000 Besuchern regelrecht gestürmt, nicht zuletzt von Urlaubern aus allen Teilen des Bodensees, die zu den Aufführungen – im besten Fall – mit dem Schiff über den See anreisen.

Kultur 54

Täglich gehen im Sommer viele Gäste in die Bregenzer Oberstadt, die Altstadt, die auch das frühe Siedlungsgebiet der Kelten und mittelalterliche Befestigung war. Hier findet man das Wahrzeichen von Bregenz, den im 16. Jahrhundert von Benedetto Prato erbauten Martinsturm. Die Zwiebelkuppel gilt als die größte in Mitteleuropa. Zwei Jahrhunderte älter ist die Martinskapelle, deren besonderer Schatz Fresken vorwiegend aus dem 14. Jahrhundert sind. Im Martinsturm wohnte und arbeitete der letzte Türmer der Bodenseeregion, eine Tradition, die von der Stadt Bregenz im Herbst 2011 unverständlicherweise beendete wurde. In der Oberstadt findet man auch das Spitzenrestaurant von Bregenz, das **Deuringschlössle**, das im 17. Jahrhundert in der heutigen Form erbaut wurde und damit besonderes Ambiente bietet. Geführt wird das

Kulinarik 55

Lokal und Hotel von Starkoch Heino Huber (siehe Rezept Seite 61). Einfachere, trotzdem großartige bürgerliche Küche gibt es im **„Goldenen Hirschen"** von Andrea Kinz, in dem seit Jahrhunderten vor allem Einheimische speisen.

In der Oberstadt lebte ab 1869 der aus Prag stammende Schriftsteller Alfred Meißner (1822–1885), der sich auch im linksliberalen Lager der Frankfurter Paulskirche bewegte und mit Dichtern wie Heinrich Heine bekannt war. Meißners Nachlassverwalter wurde sein Schwager, der in Bregenz geborene Schriftsteller Robert Byr (1835–1902). Wichtigster Autor Vorarlbergs im 19. Jahrhundert aber war ein Bauer aus Schoppernau im Bregenzerwald, Franz Michael Felder (1839–1869). Er feierte mit Romanen aus seinem bäuerlichen Umfeld erstaunliche Erfolge und wurde nicht zuletzt im damaligen deutschen Literaturzentrum Leipzig wahrgenommen. Ebenso wichtig aber war er als politisch-sozialer Kopf, der versuchte, den verarmten Bauern über damals neuartige genossenschaftliche oder versicherungsmäßige Initiativen zu helfen.

Vorarlberg scheint auch heute noch ein guter Boden für Schriftsteller zu sein. Seit Jahren tritt Michael Köhlmeier mit Romanen, Erzählungen oder Neubearbeitungen antiker Themen auf. Ein großer Wurf gelang auch Arno Geiger mit „Der alte König in seinem Exil", worin er einfühlsam von seinem dementen Vater erzählt. Einen Sensationserfolg schrieb Robert Schneider im Jahr 1992 mit „Schlafes Bruder", ein Roman, der verfilmt und Vorlage für eine Oper und ein Ballett wurde. Monika Helfer legte mit „Oskar und Lilli" ein berührendes Buch vor, während Ulrike Längle mit „Seesucht" den einzigen konkreten Bodenseeroman der Vorarlberger Literatur schrieb.

Der See ist die zentrale Attraktion von Bregenz – gemeinsam mit dem Berg. Und beide sind auch das Problem der Stadt, denn zwischen See und Berg gibt es wenig Erweiterungsmöglichkeit. Dafür gibt es wunderbare Aussichtspunkte. Einer davon ist auf dem Gebhardsberg, der früheren, auf einem Felsen stehenden Festung Hohenbregenz. Um das Jahr 1100 wurde sie erbaut, am Ende des Dreißigjährigen Krieges, 1647, durch die Schweden zerstört. Auf dieser Burg lebte der Minnesänger Hugo von Montfort (1357–1423), ein Zeitgenosse Oswalds von Wolkenstein, die beide als letzte Vertreter des deutschen Minnesangs gelten. Auf Hohenbregenz wurde auch der heilige Gebhard (949–995) geboren, der spätere Bischof von Konstanz und Gründer des dortigen Benediktinerklosters Petershausen. Gebhard ist nicht nur Namensgeber des Berges, sondern auch Patron der dortigen Wallfahrtskirche. Die ehemals beliebten Wallfahrten waren wohl auch der Grund, warum an dieser Stelle eine Gastwirtschaft errichtet wurde – zur Freude vieler, die auf der Terrasse des Restaurants eine Aussicht über den Bodensee und ins Rheintal genießen, die ihresgleichen sucht.

Der zweite Berg ist der Pfänder, Hausberg der Bregenzer, Lindauer und weiterer Gemeinden an der Bregenzer Bucht. (Siehe Punkt 1.) Die klassische Route der Bregenz-Touristen ist: Mit dem Schiff in den Hafen von Bregenz, dann zur Pfänderbahn – Berg- und Seeerlebnis an einem Tag. Wenn man auf dem Gipfel des Pfänders steht, hat man das Gefühl, dass einem der Bodensee gehört. Nirgends sieht man – in der Längsachse – so weit über den See, nirgends bietet er sich so prächtig, nirgends so nah.

Wenn man also wissen will, was der Bodensee und seine umgebenden Regionen an landschaftlichen Reizen bieten, dann mache man sich auf auf den Pfänder. Und dann gehe man wieder ins Tal, an die Ufer des Bodensees.

Seebühne Bregenz – „André Chénier“ (2011/12)

Hegauer Kalbsragout

Im Hegau gibt es mit dem Hohentwiel nicht nur einen der schönsten Aussichtspunkte am Bodensee, sondern auch eine besondere Gastronomie. Wie in anderen Bodenseeregionen besinnt man sich auch hier immer mehr auf alte Traditionen – in Gasthöfen und Restaurants ebenso wie im privaten Haushalt. Das zeigen auch immer neu erscheinende Kochbücher mit Hegauer Küche.

* 600 g Kalbfleisch (Schulter)
* 1 Glas Weißwein
* 1 Zwiebel
* 125 g Sellerie
* 30 g Mehl
* 30 g Butter
* 1 Tasse süße Sahne
* 2 Tassen klein geschnittene Pilze
* Zitronensaft, Pfefferkörner, Salz

***

Das Fleisch würfeln und ein bis zwei Tage in einer Beize einlegen, die man aus Weißwein, Zwiebelscheiben, zerkleinertem Sellerie und einigen zerdrückten Pfefferkörnern herstellt.
Dann wird das Fleisch mit der Beize und etwas Wasser aufs Feuer gestellt. Man kocht es fast gar und macht es mit heller Mehlschwitze sämig.
Darin wird das Fleisch vollends gar gekocht. Dann gibt man die Pilze dazu, schließlich die Sahne. Abgeschmeckt wird mit Zitronensaft, Salz und Zucker.

Felchenkaviar mit Saucenrahm

Im Rosgartenmuseum in Konstanz wurde im Sommer 2010 die Ausstellung „Die Welt im Topf" gezeigt. Diese versuchte – was gar nicht so einfach ist –, auch eine „Kleine Kulturgeschichte der Küche am Bodensee" zu geben. Dem hervorragenden Katalogbuch ist ein Heftchen mit „Traditionellen Gerichten der Bodenseeregion" beigelegt. Daraus stammt dieses Rezept.

* 100 g Felchenkaviar pro Person
* Sauerrahm
* Schnittlauch
* Kartoffeln

Felchenkaviar gibt es beim Berufsfischer oder Fischhändler. Der Felchenrogen ist immer schon leicht gesalzen. Vielleicht noch etwas gehackten Knoblauch beigeben.

***

Auf die Teller jeweils einen Esslöffel Sauerrahm geben, etwas verteilen und den Felchenkaviar in die Mitte setzen. Mit fein geschnittenem Schnittlauch bestreuen und mit zwei bis drei kleinen, gekochten Kartoffeln servieren.
Anstatt der Kartoffeln kann man auch getoastetes Schwarzbrot reichen.

Personenregister

Wichtige Orte

Rezepte

Bibliografie

Borst, Arno: **Mönche am Bodensee;** Thorbecke, Sigmaringen 1978

Borst, Arno: **Ritt über den Bodensee**; Libelle Verlag, Bottighofen 1992

Bosch, Manfred: **Bohème am Bodensee, Literarisches Leben am See** von 1900 bis 1959; Libelle Verlag, Lengwil 2007

Burmeister, Karl Heinz: **medinat bodase – Zur Geschichte der Juden am Bodensee, Band 1–3**; Universitätsverlag Konstanz 1996, 1998 und 2002

Engelsing, Tobias: **Die Welt im Topf.** Kleine Kulturgeschichte der Küche am Bodensee; Rosgarten-Museum Konstanz 2010

Geißler, Horst Wolfram: **Der liebe Augustin**; Sanssouci, München 1993

Hasler, Norbert; Heiligmann, J.; Höneisen, M.; Leuzinger, U; Swozilek, Helmut (Hg.): **Im Schutze mächtiger Mauern;** Ausstellungskatalog Konstanz/Vaduz/Frauenfeld/Bregenz/Schaffhausen 2005–2007

Hesse, Hermann: **Jahre am Bodensee – Erinnerungen, Betrachtungen** (Hrsg. Volker Michels); Insel Verlag, Berlin 2010

Isele, Klaus: **Im Sog des Bodensees – Eine literarische Anthologie;** Edition Isele, Eggingen 2009

Jost, Dominik (Hrsg.): **Bodensee Reisebuch**; Insel Taschenbuch, Frankfurt 1993

Oechslin, Werner (Hrsg.): **Die Vorarlberger Barockbaumeister**; Katalog zur Ausstellung in Bregenz und Einsiedeln 1973

Schmitt, Günter: **Ritter, Grafen, Kirchenfürsten – Burgen und Schlösser am Bodensee**; Verlagsdruckerei, Biberach 2011

Schott, Dieter; Trapp, Werner (Hrsg.): **Seegründe**; Drumlin Verlag, Weingarten 1984

Stäheli, Cornelia: **Kulturschätze im Thurgau**; Verlag Huber, Frauenfeld 2004

Walser, Martin; Ficus, André: **Heimatlob – Ein Bodenseebuch**; Insel Verlag, Frankfurt 1998

Zinz, Klaus; Löffler, Herbert; Schröder, Gerd: **Der Bodensee – Ein Naturraum im Wandel**; Thorbecke, Ostfildern 2009

F(r)isch aus der Region
Bei Sutterlüty erhalten Sie täglich eine große Auswahl an fangfrischen regionalen und internationalen Fischspezialitäten, köstliche Krusten- und Schalentiere oder verschiedene raffinierte Salatvariationen.
Felchen, Zander, Egli, Forelle oder Hecht - je nach Saison fangfrisch aus der Bodensee-Region!
Beste Qualität:
Beste Fische und Meeresfrüchte aus ausgewählten Herkünften und von Spezialisten kontrolliert
Fangfrisch:
In 24 Stunden vom Fischmarkt im Ländlemarkt
Saubere Verpackung:
100% tropf- und geruchssichere Verpackung
Bester Service:
Unsere Mitarbeiter beraten Sie fachkundig und nehmen Ihre Vorbestellung gerne an
Sutterlüty
IHR LÄNDLEMARKT
Alle Sutterlüty Ländlemärkte mit Frischfisch-Theke finden Sie unter www.sutterluety.at > Sortiment > Frischfisch!

1 Pfänder

Mit 1.064 Metern ist der Pfänder der höchste, wahrscheinlich auch der schönste Aussichtsberg am Bodensee. 240 Gipfel soll man von hier aus sehen. Den Pfänder kann man von Lochau aus mit dem Auto erschließen, schöner ist allerdings eine Fahrt mit der Pfänderbahn vom Bregenzer Zentrum aus. Im Winter ist der Pfänder auch ein beliebtes Skigebiet. www.pfaender.at
(Natur / Seite 12)

2 Napoleonmuseum Arenenberg

1817 wurde das Schloss durch die Stieftochter Napoleons I., Hortense de Beauharnais, erworben und zur Exilresidenz umgestaltet. Ihr Sohn, Prinz Louis, der nachmalige Kaiser Napoleon III. (von 1852 bis 1870 „Kaiser der Franzosen") wurde dort erzogen, bewohnte das Schloss bis 1837, musste es verkaufen und erwarb es 1855 zurück. Nach dem Tod Napoleons wurde es Wohnsitz seiner Witwe Eugénie, die das Schloss 1906 dem Kanton Thurgau schenkte. www.napoleonmuseum.tg.ch
(Geschichte / Seite 20)

3 Büllefest

Das Büllefest wird jährlich am 1. Sonntag im Oktober abwechselnd in einem anderen Ortsteil gefeiert. „Bülle" bezeichnet die kleine, rote Zwiebel, die es nur auf der Höri gibt, es ist also ein Zwiebelfest. www.hoeri-forum.de
(Skurriles / Seite 21)

4 „Gottfried" und „Grüner Baum"

Im „Gottfried" kocht Klaus Neidhart, der sich, so meinte ein Gastrokritiker, „mit einer Intensität wie kein anderer Koch in Deutschland der Palette der Süßwasserfischküche hingibt". Ein Besuch bei Klaus lohnt sich. Ebenso bei seinem Bruder Hubert Neidhart im über der Straße gelegenen „Grünen Baum". Auch bei ihm steht der Fisch im Mittelpunkt, wirklich ausufernd aber wird er, wenn er über die Zutaten spricht, über Gemüse – und vor allem über die „kleine, blassviolette und zartscharfe Höribülle", die berühmte Zwiebel.
www.hotel-gottfried.de
www.gruenerbaum-moos.de
(Kulinarik / Seite 22)

5 Museum und Museumsbahn „Rhein-Schauen“

Im Jahr 2008 wurde ein Teil der früheren Dienstbahn der Rheinbauleitung an den Verein „Rhein-Schauen“ übergeben, der sie nun als Museumsbahn führt. Das Museum bietet Ausstellungen und Veranstaltungen zum Rhein. www.rheinschauen.at (Kultur / Seite 25)

6 Vorarlberger Barockbaumeister

Um 1650 wird die „Auer Zunft“, ein Zusammenschluss von Baumeistern, Stuckateuren und Handwerkern, durch Michael Beer (1605–1666) begründet. Die bedeutendsten Meister und einige ihrer Bauten im Bodenseeraum: Michael Beer erbaute das Schloss in Friedrichshafen und Kloster Kreuzlingen; Franz Beer von Bleichten (1660–1726) schuf Kloster Salem mit der Stefansfeldkapelle, Kloster und Kirche in Weingarten, Kloster Weißenau bei Ravensburg; Michael Thumb (1640–1690), auf den auch die Entwicklung des „Vorarlberger Münsterschemas“ zurückgeht, plante Kloster Thalbach in Bregenz, das Noviziatshaus in Weingarten, Kloster Zwiefalten und Kloster Obermarchtal mit Franz Beer; Peter Thumb (1681–1766), erbaute die Stiftsbibliothek St. Gallen und die Wallfahrtskirche Birnau am Bodensee; Caspar Moosbrugger (1656–1723) schuf Kloster Münsterlingen und Abtei und Kirche von Einsiedeln. (Kultur / Seite 35)

7 Insel Werd

Werd hieß im Mittelhochdeutschen Insel. Otmar, der Gründer St. Gallens, wurde 759 nach Werd verbannt, wo er bald starb. Deshalb ist heute eine kleine Kirche auf Werd Wallfahrtsstätte zum heiligen Otmar. Die Insel ist von wenigen Franziskaner-Mönchen bewohnt. (Skurriles / Seite 35)

8 Stiftsbibliothek St. Gallen

Über dem Eingang zur Bibliothek steht „psychis iatreion“, was auf Griechisch „Seelen-Apotheke“ heißt. Die Stiftsbibliothek wurde um 1760 von den Barockbaumeistern Michael und Peter Thumb errichtet, die Stuckaturen schufen die Gebrüder Gigl aus Wessobrunn. Mehr als 2000 Handschriften ab der Mitte des 8. bis zum 11. Jahrhundert, zudem etwa 1650 Inkunabeln (gedruckte Werke bis etwa 1500) finden Platz. www.stiftsbibliothek.ch (Kultur / Seite 35)

9 Stiftsbezirk St. Gallen

Heute ist der große Klosterbezirk weitgehend profan genutzt, unter anderem als Regierungsgebäude und Schule. Herausragend ist die Stiftskirche, die um 1760 von den Barockbaumeistern Peter Thumb und Michael Beer errichtet wurde. www.bistum-stgallen.ch (Kultur / Seite 35)

10 Kräutergarten des Walahfrid Strabo

Zwischen 830 und 840 schuf der Reichenauer Mönch Walahfrid Strabo (Abt von 842–849) das Lehrgedicht „De cultura hortorum“, kurz „Hortulus“ (Gärtlein), über den Kräutergarten des Inselklosters. Der „Hortulus“ ist die erste Kunde vom Gartenbau in Deutschland. In 444 Versen werden 24 Heilkräuter, Küchen- und Zierpflanzen beschrieben, die noch heute die Gärten bereichern. www.reichenau.de (Natur / Seite 37)

11 Kloster und Kirchen der Reichenau

Das Kloster Reichenau war vom 9. bis ins 11. Jahrhundert ein Zentrum künstlerischen und literarischen Lebens auf deutschem Boden. Abt Hatto I. war der erste Erbauer des Münsters St. Maria und Markus in Mittelzell, das seine heutige Gestalt im 11. Jahrhundert erhielt. Berühmt sind die Reliquien der Kirche, der Markus-Schrein aus dem 9. Jahrhundert und die Heilig-Blut-Reliquie, die um 925 auf die Insel kam. Die Stiftskirche St. Peter und Paul liegt auf der Nordwestspitze der Reichenau in Niederzell. In der Apsis finden sich großartige Gemälde von Anfang des 12. Jahrhunderts. Die vielleicht schönste Kirche der Reichenau ist St. Georg in Oberzell. Sie zeigt noch heute den schlichten Bau des 10. und 11. Jahrhunderts. Bei St. Georg handelt es sich um eine Art frühmittelalterlichen Bilderschrein, denn die acht monumentalen Wandbilder an beiden Seiten des Langhauses, die die Wunder Jesu darstellen, bilden den größten derartigen Zyklus aus der Zeit um 1000. www.reichenau.de (Kultur / Seite 37)

12 Bürgerwehr Reichenau

Die altösterreichische Uniform geht auf das 16. Jahrhundert zurück, als Konstanz und der Bodensee sowie weite Teile Süddeutschlands im Jahre 1548 unter die Herrschaft der Habsburger fielen. www.buergermusik-reichenau.de Die Bürgerwehr und die Bürgermusik treten dreimal im Jahr an den Inselfeiertagen auf: www.reichenau.de (Skurriles / Seite 37)

13 Abtei Wettingen-Mehrerau

Nach langem Bestand wurde das Kloster 1803 im Zuge allgemeiner Säkularisierungen aufgehoben.

1854 wurde es von den Mönchen des Zisterzienserklosters Wettingen in der Schweiz gekauft. So wurde aus zwei Klöstern die Abtei Wettingen-Mehrerau. Anfang der sechziger Jahre des 20. Jahrhunderts wurde die Abteikirche nach Plänen des Bregenzer Architekten Hans Purin in zisterziensischer Kargheit umgebaut. Das Großrelief an der Portalwand (1961/62) stammt vom Bregenzerwälder Bildhauer Herbert Albrecht. www.mehrerau.at (Geschichte / Seite 39)

14 Heinrich Hansjakob

Hansjakob war zu seiner Zeit ein viel gelesener Volksschriftsteller, als Reiseschriftsteller hatte der für seine Zeit weit Gereiste weniger Erfolg. Es gibt eine eigene Hansjakob-Gesellschaft, die sich vor allem mit seinem Wirken im Schwarzwald beschäftigt, in Freiburg gibt es auch ein Hansjakob-Haus. www.heinrich-hansjakob.de; www.heinrich-hansjakob-gesellschaft.de; www.heinrich-hansjakob-haus.de (Kultur / Seite 44)

15 Weinwanderweg Hagnau-Meersburg

Man kann zwischen kurzen und längeren Wegen, bis etwa 13 Kilometer, mit bescheidenem Höhenunterschied von 200 Metern, wählen. Sie sind auch für ältere Menschen und Familien gut geeignet, stets mit spektakulärem Blick auf den Bodensee. Besonders schön sind Themenführungen auf den Wegen von Hagnau und Meersburg, auch außerhalb der Saison und im Winter. www.gemeinde-hagnau.de; www.meersburg.de (Natur / Seite 46)

16 Josef-Rupp-Käse-Wanderweg mit Käse-Lehrpfad

Josef Rupp war 1908 der Firmengründer der Privatkäserei Rupp, die heute in dritter Generation von Dr. Josef „Joe" Rupp in Hörbranz geführt wird. „S'beschte Eck vom Käs" wird weltweit exportiert. www.rupp.at Der Käselehrpfad ist ein schöner Familienwanderweg. Eine Reihe von kleinen und größeren Sennereien, Gasthäusern und Bauernhöfen ist dabei zu besichtigen, darunter die Sennerei Jungholz-Hinteregg in Eichenberg. www.eichenberg-bodensee.at Eine andere bedeutende Sennerei findet sich in Möggers, jene der Geschwister Bantel, wo seit 1886 der berühmte Berggold-Camembert und andere Weichkäse hergestellt werden. www.camembert.at, weitere Käseseiten www.kaesestrasse.at; www.westallgaeuer-kaesestrasse.de; www.bodenseekaese.ch (Kulinarik / Seite 49)

17 „Weiße Flotte“

Darunter versteht man die auf dem Bodensee verkehrenden Schiffe der drei Länder. Zusammengefasst sind sie in den „Vereinigten Schifffahrtsunternehmen für den Bodensee und Rhein“, dort findet man Fahrpläne, alle Anlegestellen und spezielle Angebote. www.vsu-online.info, www.sbsag.ch; www.bodenseeschifffahrt.de; www.vorarlberg-lines.at (Geschichte / Seite 56)

18 Forum Allmende – Jacob-Picard-Freundeskreis

Das Forum Allmende wurde 1998 gegründet. Der Verein will die literarische Kultur im Südwesten Deutschlands und in den angrenzenden Regionen des alemannischen Sprachraums fördern. www.forum-allmende.net Die lieferbaren Titel von Jacob Picard sind im Verlag Libelle erschienen. www.libelle.ch (Kultur / Seite 64)

19 Jüdisches Museum Hohenems

Das Jüdische Museum Hohenems wurde im April 1991 in der Villa Heimann-Rosenthal im Zentrum des ehemaligen jüdischen Viertels eröffnet. Die Schausammlung wurde 2007 völlig neu gestaltet, regelmäßig finden Sonderausstellungen statt, besonders intensiv ist das angebotene Vermittlungsprogramm. Beachtung verdienen auch die Publikationen des Museums. www.jm-hohenems.at **(Geschichte / Seite 64)**

20 Überlinger Stollen

Im Stollen in Goldbach bei Überlingen befindet sich eine Gedenkstätte: „Die ‚Dokumentationsstätte Goldbacher Stollen‘ vermittelt historische, militär- und wirtschaftshistorische Informationen. Die aufklärende Absicht der Führungen soll dazu beitragen, neofaschistischen Tendenzen und der Meinung entgegenzutreten, dass mit Gewalt gesellschaftliche Probleme gelöst werden könnten.“ www.stollen-ueberlingen.de (Geschichte / Seite 65)

21 Wollmatinger Ried

Es gibt einen Info-Pfad, den man auf eigene Faust begehen kann. Informationstafeln erklären ausführlich das Leben im Schilf, auf einer Beobachtungsplattform wird einem das Leben der Wasservögel nähergebracht. www.nabu-wollmatingerried.de (Natur / Seite 68)

22 Rheindelta

Das Interesse am Rheindelta reicht bis ins 19. Jahrhundert zurück, aber erst 1976 wurde es unter Schutz gestellt. Seit 1998 ist das Rheindeltahaus, dessen Architektur von Hermann Kaufmann mit dem Holzbaupreis ausgezeichnet wurde, die zentrale Anlaufstelle des Naturschutzgebietes. www.rheindelta.com (Natur / Seite 69)

23 Artenliste der Vögel

Die gesamte Liste der Vögel des Rheindeltas findet sich auf der Website des Umweltbüros Grabher: www.umg.at
Eine Liste der Vögel am gesamten Bodensee findet man auf der Seite der Ornithologischen Arbeitsgemeinschaft Bodensee unter www.bodensee-ornis.de.
Aktuelle Eintragungen über Vogelbeobachtungen gibt es unter www.ornitho.ch
(Skurriles / Seite 70)

24 IGKB

Die „Internationale Gewässerschutz-Kommission für den Bodensee" setzt sich aus folgenden Ländern zusammen: Den deutschen Bundesländern Bayern und Baden-Württemberg, in der Schweiz den Kantonen St. Gallen, Thurgau und Graubünden, in Österreich dem Bundesland Vorarlberg. Auch das Fürstentum Liechtenstein entsendet seine Vertreter in die Kommission. www.igkb.org
Eine gute Quelle ist auch der „Seespiegel", das Publikationsorgan der IGKB, wo sich auch ein Verzeichnis aller Artikel seit 1995 findet. www.seespiegel.de
(Natur / Seite 73)

25 IBKF

Die „Internationale Bevollmächtigtenkonferenz für die Bodenseefischerei" wurde bereits Ende des 19. Jahrhunderts gegründet und ist also so etwas wie die Mutter aller späteren Bodenseeorganisationen, die zum Teil auch aus ihr gegründet wurden. Auf www.ibkf.org finden sich Statistiken, Fangerträge und eine Listung der Fischarten im Bodensee.
(Natur / Seite 74)

26 Gangfisch in Ermatingen

Der Gangfisch ist ein naher Verwandter des Felchens, jedoch ein wenig kleiner als dieser. Geräuchert werden vorwiegend die Weibchen, in der Fachsprache als Rogner bezeichnet, die trächtig sind und somit Eier in sich tragen. Das rare Produkt gibt es nur wenige Wochen im Winter. www.kulinarischeserbe.ch
(Kulinarik / Seite 75)

27 Museum Langenargen

Das Museum ist im alten Pfarrhof untergebracht, der in den 1970er-Jahren einem Wohnbau weichen sollte. Bürgerproteste brachten den Umschwung zugunsten des

Museums, das 1976 auf Vereinsbasis eröffnet wurde. www.museum-langenargen.de (Kultur / Seite 85)

28 Zeppelin und Dornier Museum

Das 1996 im Hafenbahnhof wiedereröffnete Zeppelin Museum beherbergt die weltweit größte Sammlung zur Luftschifffahrt. Zudem widmet es sich als einziges deutsches Museum der Verbindung von Technik und Kunst. www.zeppelin-museum.de
Das neue, auch architektonisch interessante Dornier Museum befindet sich neben dem Flugplatz Friedrichshafen. Bemerkenswert sind die Lichtinstallationen des amerikanischen Lichtkünstlers James Turrel. www.dorniermuseum.de (Geschichte / Seite 86)

29 Verein für Geschichte des Bodensees und seiner Umgebung

Der Verein unterhält Geschäftsstellen in Archiven aller Anrainerstaaten. 1868 wurde vom Verein die „Bodenseebibliothek“ begründet, deren Bestände – die umfangreichsten zu Bodensee-Themen – heute bei der Stadt Friedrichshafen zur Benutzung zur Verfügung stehen. www.bodensee-geschichtsverein.eu
In Zusammenarbeit mit der Universität Konstanz wurde auch die Euregio-Bodensee-Datenbank gegründet. www.ub.uni-konstanz.de (Kultur / Seite 87)

30 Schulmuseum Friedrichshafen

Beginnend bei der Klosterschule (ca. 800 n.Chr.) bis in die heutige Zeit werden in insgesamt 19 Räumen zahlreiche schulische Themen dargestellt. Neben Wechselausstellungen werden auch Themenführungen angeboten. www.schulmuseum-fn.de (Geschichte / Seite 89)

31 Oberschwäbische Barockstraße

Die Barockstraße führt weit ins schwäbische Hinterland mit wichtigen Stationen in Biberach, Memmingen und Ravensburg und um den ganzen Bodensee bis nach St. Gallen und Konstanz. www.oberschwaebische.barockstrasse.de (Kultur / Seite 89)

32 Blutritt Weingarten

Fast 3.000 Reiter machen die Prozession durch die Stadt und über die Wiesen europaweit einzigartig. Die eigentlichen Blutfreitagsfeierlichkeiten beginnen schon am Vorabend, zu Christi

Himmelfahrt, wenn die Gläubigen in einer Lichterprozession auf den Kreuzberg ziehen. www.blutfreitagsgemeinschaft-weingarten.de (Geschichte / Seite 90)

33 Droste-Museum Fürstenhäusle

1843 erwarb Annette von Droste-Hülshoff das Fürstenhäusle, 1924 wurde darin von Nachkommen ein Droste-Museum eröffnet, schließlich kaufte das Land Baden-Württemberg 1960 das Haus. Jeden Sonntag um 12 Uhr gibt es von April bis Oktober eine Führung durch Meersburg zu den Stationen Droste-Hülshoffs. www.fuerstenhaeusle.de (Kultur / Seite 91)

34 Pfahlbaumuseum Unteruhldingen

Das älteste Freilichtmuseum Deutschlands mit seinen 23 Pfahlbauten schickt seine Besucher auf eine Zeitreise in das Alltagsleben unserer Vorfahren als Jäger und Sammler. Das Pfahlbaumuseum betreibt auch ein Forschungsinstitut. www.pfahlbauten.de (Geschichte / Seite 91)

35 Bodensee-Thermen

In drei Bodenseestädten wurden in den vergangenen Jahren moderne Thermen mit heute notwendigen Einrichtungen wie Bade- und Saunalandschaften errichtet. An allen Standorten war man um besondere architektonische Lösungen bemüht. www.bodensee-therme.de; www.bodensee-therme-konstanz.de; www.meersburg-therme.de (Kultur / Seite 93)

36 Seegfrörne

Einen umfangreichen Text und interessante Bilder der letzten „Seegfrörne" von 1963 findet man unter http://pagewizz.com (Natur / Seiten 95, 111)

37 „Ochsen" und „Bürgerbräu"

Eigendefinition des Hotels „Ochsen" der Familie Waldschütz: „Die Küche ist geprägt von frischen, saisonalen Zutaten aus der Region, die sorgfältig zubereitet werden. Die berühmten Bodenseefelchen stehen daher ebenso auf der Speisenkarte wie eine Badische Festsuppe." Im „Bürgerbräu" meint Simon Metzler: „Wir besinnen uns auf das Wesentliche und schaffen mit Kreativität und besten Produkten der Region eine Oase für Genießer wie wir selbst es sind." www.hotel-ochsen-ueberlingen.de; www.buergerbraeu-ueberlingen.com (Kulinarik / Seite 95)

38 Suso-Haus Überlingen

In einem der ältesten Bürgerhäuser Süddeutschlands wurde schon vor gut hundert Jahren eine

Gedenkstätte für Heinrich Seuse, der auch Suso genannt wurde, eingerichtet. www.susohaus.de (Kultur / Seite 96)

39 Insel Mainau
Die Mainau ist nicht nur eine Insel, sondern auch ein großes Unternehmen, das heute von den Nachkommen des Gründer-Grafen geleitet wird. Darüber hinaus ist die Mainau auch ein Naturwunder, ein tropischer Punkt, der durch die Lage im Bodensee Blumen und Pflanzen blühen lässt, die man sonst nur weit im Süden findet. www.mainau.de (Natur / Seite 97)

40 Oswald von Wolkenstein
Zu Oswald von Wolkenstein gibt es eine Reihe von besonderer Literatur. Die umfangreichste Aufarbeitung bietet der Folio Verlag mit der dreibändigen Ausgabe „Sämtliche Lieder Oswalds von Wolkenstein in der Nachdichtung von Gerhard Ruiss im Schuber". www.folioverlag.com (Kultur / Seite 102)

41 Konzil Köche
Die „Konzil Köche" sind Teil der Organisation „Südland", in der sich Köche aus verschiedenen Regionen in Süddeutschland – auch um den Bodensee – zusammengetan haben. www.suedland.net (Kulinarik / Seite 103)

42 Rosgartenmuseum
Das Rosgartenmuseum wurde 1870 gegründet und ist in einem alten Zunfthaus der Metzger untergebracht. Ein Schwerpunkt liegt auf der mittelalterlichen Sammlung, unter anderem findet man hier die Chronik des Ulrich von Richental zum Konzil von Konstanz. www.rosgartenmuseum-konstanz.de (Kultur / Seite 104)

43 Archäologisches Landesmuseum
Das Archäologische Landesmuseum Baden-Württemberg (ALM) wurde am 14. März 1992 eröffnet. Den imposanten Rahmen bildet der ehemalige Konventbau des Klosters Petershausen aus dem 18. Jahrhundert, dessen Wurzeln bis in das 10. Jahrhundert zurückreichen. www.konstanz.alm-bw.de (Geschichte / Seite 104)

44 Buchhandlungen
Die Osiandersche Buchhandlung hat drei Filialen allein in Konstanz, die größte in der Kanzleistraße in der Altstadt, in der auch Bodenseetitel angeboten werden. Direkt bei der Schiffsanlegestelle in Friedrichshafen findet man RavensBuch, auch hier mit bestem Bodensee-Sortiment. In Lindau, mitten auf der Insel, gibt es die Altemöller'sche Buchhandlung, viele Bücher liebevoll mit hand-

schriftlichen Empfehlungen der Buchhändlerin versehen. In einem alten Stadthaus am Leutbühel von Bregenz residiert die Buchhandlung Brunner, die insgesamt sieben Filialen in Vorarlberg unterhält. Natürlich im Sortiment: regionale Titel. Im Herzen von St. Gallen, in der Multergasse, ist die Buchhandlung Rösslitor vor allem eine literarische Fundgrube. (Kultur / Seite 105)

45 Bodman-Haus Gottlieben

Das Bodman-Haus wird seit dem Jahre 2000 durch die Thurgauische Bodman-Stiftung als Haus für die zeitgenössische Dichtung mit entsprechendem Programm betrieben. www.bodmanhaus.ch (Kultur / Seite 105)

46 Adolf Dietrich Haus

Im zum Erinnerungsplatz umgestalteten Haus findet sich die alte Malstube Adolf Dietrichs, ebenso eine Dokumentation mit Fotos aus seinem Leben in Berlingen. www.adolf-dietrich.ch Ein wesentlicher Teil der Werke Adolf Dietrichs ist in der Kartause Ittingen des Kunstmuseums Thurgau gesammelt. www.kartause.ch (Kultur / Seite 106)

47 Otto-Dix-Haus Hemmenhofen

2012 wurde das Haus vom Kunstmuseum Stuttgart, wo sich ein bedeutender Besitz von Dix-Arbeiten befindet, übernommen. Es wird künftig als Außenstelle des Museums geführt. www.otto-dix-haus.de (Kultur / Seite 108)

48 Hermann-Hesse-Höri-Museum

In Gaienhofen ist das Bauernhaus, in dem Hesse von 1904 bis 1907 wohnte, nun Teil des Hermann-Hesse-Höri-Museums, in dem Gegenstände aus Hesses Schaffen zu sehen sind. Im Museum werden laufend Sonderausstellungen zu Hesse-Themen veranstaltet, zudem gibt es jährlich Hesse-Tage und Hesse-Wanderungen. www.hermann-hesse-hoeri-museum.de (Kultur / Seite 108)

49 Jakobswege am Bodensee

Es gibt verschiedenste Wege, um von Süddeutschland auf einem Jakobsweg an den Bodensee und in die Schweiz zu kommen, wobei das Ziel fast überall das Kloster Einsiedeln ist. Für die Wege zwischen Tübingen und Konstanz empfiehlt sich www.via-beuronensis.de; die Schweizer Wege findet man unter www.jakobsweg.ch (Natur / Seite 112)

50 „Schiff" und „Schäfli"

Die beiden Gasthäuser sind nicht weit voneinander entfernt, das „Schiff" am See, das „Schäfli" unweit davon. Beide führen auf besondere Art mit moderner Note in das Reich der thurgauischen Küche. www.seegasthof-schiff.ch; www.urswilhelm.ch (Kulinarik / Seite 112)

51 Saurer Museum

Das neue – es gab auch ein altes – Museum wird vom Oldtimer Club Saurer und von der Saurer Textil Arbeitsgruppe betreut, deshalb sind auch die wichtigsten Ausstellungsgegenstände Autos und Textilmaschinen. www.saurermuseum.ch (Geschichte / Seite 113)

52 Kunsthaus Bregenz

Das Kunsthaus konnte seit seiner Eröffnung nicht nur durch die Architektur, sondern auch durch herausragende Ausstellungen überzeugen. So waren – neben vielen anderen – James Turrell, Keith Sonnier, Olafur Eliasson, Jeff Koons, Louise Bourgeois, Rachel Whiteread, Roy Lichtenstein und Richard Serra zu Gast. www.kunsthaus-bregenz.at (Kultur / Seite 116)

53 Vorarlberger Architektur-institut (vai)

Das vai wurde 1997 gegründet und hat seinen Sitz in Dornbirn. Es versteht sich als Schnittstelle für Planer, Bauherren, Wirtschaftstreibende, Handwerker, Wissenschaft und Politik. www.v-a-i.at (Kultur / Seite 117)

54 Bregenzer Festspiele

Nach dem Zweiten Weltkrieg, 1946, versuchte man auch im Westen Österreichs, mit kulturellen Ereignissen wieder Fuß zu fassen. Aus kleinen Anfängen – die erste „Seebühne" stand in einem Gondelhafen – entwickelte sich ein großes künstlerisches Unternehmen, das jährlich neben der Seeaufführung immer auch Oper, Theater, Orchesterkonzerte und auch neue Musik bietet. www.bregenzerfestspiele.at (Kultur / Seite 118)

55 Deuringschlössle und Goldener Hirschen

Mit nur wenigen Zimmern nennt sich das Deuringschlössle „das kleinste Vier-Stern-Superior-Hotel am Bodensee". Das Restaurant ist nicht so klein, dafür sehr fein – und sehr gut. Das bürgerliche Gegenstück dazu ist die „Gaststätte zum Goldenen Hirschen", die seit Jahrhunderten als eine der Stammwirtschaften der Bregenzer Bürger gilt. www.deuring-schloessle.at; www.goldenerhirschen.at (Kulinarik / Seite 118/119)

Walter Fink, Dr. phil.
Geboren 1945 in Bregenz (Vorarlberg)
Lehre als Schriftsetzer (abgeschlossen), anschließend Gymnasium für Berufstätige, Externistenreifeprüfung in Wien.
Verlagsleiter.
Ab 1970 freiberuflicher Journalist bei österreichischen Tageszeitungen und beim Österreichischen Rundfunk (ORF) mit einer eigenen, wöchentlichen Sendung zur Landeskunde, bei der auch der Bodensee immer wieder Thema war (1975 bis 1988).
Berufsbegleitend Studium der Kunstgeschichte (Dissertation), Germanistik und Philosophie.
Von 1988 bis zur Pensionierung (Ende 2007) Leiter der Kultur beim ORF Landesstudio Vorarlberg. Zahlreiche Fernseh-Kunst- und Kulturdokumentationen, davon viele mit Themen zum Bodensee. Ausstrahlungen im ORF, in 3sat und bei BR-alpha.
2004 Kulturberichterstatter des ORF bei den Olympischen Spielen in Athen.
Seit 1992 Kolumnist der „Vorarlberger Nachrichten".

MDCCCLVI

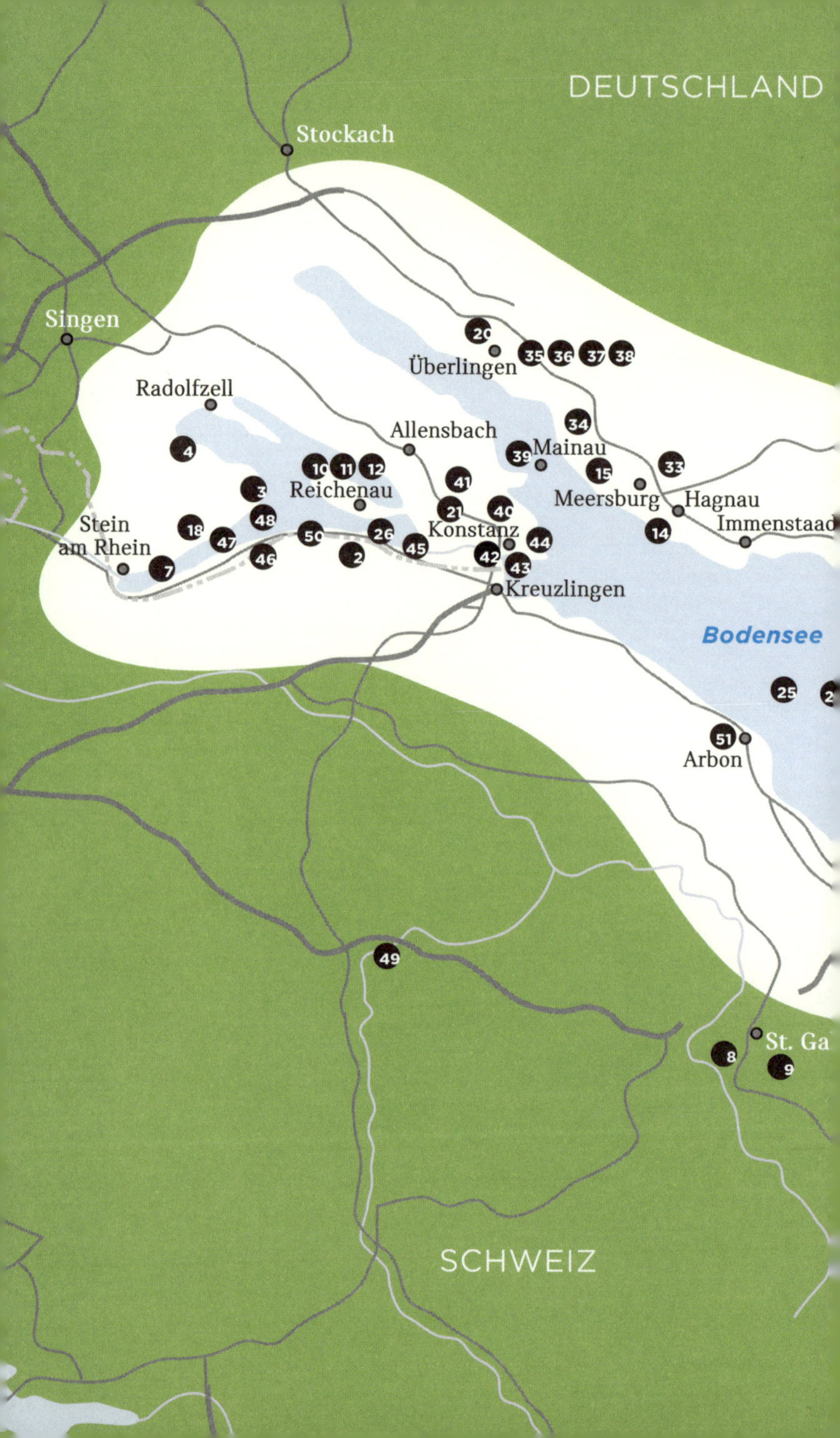
DEUTSCHLAND
Stockach
Singen
Radolfzell
Überlingen
Allensbach
Mainau
Reichenau
Meersburg
Hagnau
Immenstaad
Stein am Rhein
Konstanz
Kreuzlingen
Bodensee
Arbon
St. Ga
SCHWEIZ
20
35
36
37
38
4
34
39
10
11
12
15
33
41
3
21
40
18
48
47
50
26
44
14
45
46
2
42
7
43
25
51
49
8
9